Guía de Habilidades Sociales

La guía definitiva para mejorar sus habilidades de conversación y comunicación, cómo superar la timidez con este fácil curso paso a paso

Índice

Introducción

Las habilidades sociales y de comunicación efectivas no son negociables en el mundo actual. A menos que sepas navegar por diversas situaciones sociales con habilidades de comunicación altamente desarrolladas, puedes terminar subutilizando tu potencial o no ser capaz de disfrutar de relaciones interpersonales/sociales satisfactorias o no ser capaz de vivir tu vida al máximo. Las personas que dominan las habilidades de comunicación y sociales abren un mundo de oportunidades para sí mismas. No hay límite a lo que se puede lograr si se desarrolla la confianza, las habilidades sociales y los patrones de comunicación/interacción efectivos.

Lo mejor es que, aunque no seas un profesional de la comunicación o pienses que no tienes la confianza o el carisma necesarios, se puede construir (sí, más o menos como tus músculos). Puedes transformarte de un comunicador nervioso a un ser social seguro de sí mismo y asertivo con una práctica consistente, esfuerzo y las invaluables estrategias mencionadas en este libro. Todos somos seres sociales y comunicadores innatos. Sin embargo, sólo un puñado consigue aprovechar sus habilidades de comunicación y convertirlo en su fuerza.

Las habilidades sociales de Ace son la base de algunas de las relaciones más fuertes, tanto personales como profesionales. Todo el mundo cavo y sigue a un comunicador impresionante. Miren a cualquiera de los influenciadores de los medios sociales y a la gente con un gran número de seguidores. Casi siempre sabrán cómo establecer una relación con sus seguidores y construir la confianza, por lo que la gente se tragará todo lo que diga. Por eso los Instagrammers están ganando millones de dólares gracias a sus promociones y apoyos. Se les paga mucho dinero porque tienen la capacidad de influir en la gente para que se decante por una marca o decisión en particular, basándose en sus habilidades de comunicación.

No hay forma de escapar al hecho de que la comunicación es necesaria en todas las esferas de nuestra vida, desde las entrevistas de trabajo hasta impresionar a una cita, pasando por la creación de redes y la construcción de un círculo social envidiable. La comunicación es una de las herramientas de productividad más vitales, ayudándote a dejar una impresión favorable donde quiera que vayas. Imagina tener un cerebro lleno de ideas, pero incapaz de expresarlas. ¿No sería terrible? La comunicación es el músculo que nos otorga el poder de transmitir nuestras ideas en un estilo convincente, de tal manera que la gente se ve obligada a sentarse y tomar nota.

Cada relación que tenemos en este mundo está de alguna manera determinada por la forma en que la otra persona o nosotros nos relacionamos con nosotros. Es imposible cumplir todos nuestros requisitos por nosotros mismos. Relacionarse con otros o buscar ayuda de ellos necesita comunicación. ¿Quieres experimentar los efectos de la falta de comunicación? Compra un billete a un país cuyo idioma local no puedes comprender en absoluto. Te darás cuenta de lo difícil que es expresar cada pequeño detalle. ¡Será una tarea gigantesca! A menos que usted y la otra persona sean expertos en el lenguaje de signos, le será difícil comunicar incluso necesidades básicas como la comida o el alojamiento.

La capacidad de comunicación efectiva equipa a una persona con la habilidad de colaborar, intercambiar ideas, compartir puntos de vista y, en general, relacionarse con su mundo. Hace que el intercambio de ideas sea menos difícil. El súper poder original de los humanos es el don de expresar sus ideas, socializar y colaborar con los demás. Esto es precisamente lo que nos llevó a nuestro progreso con creaciones como automóviles, carreteras y aparatos eléctricos. Estas cosas no habrían sido posibles sin el intercambio de ideas y la comunicación de conceptos. Así, la comunicación es permeable en todas las esferas de nuestra vida.

Ahora sé honesto, ¿de acuerdo? Dime cuando te presentan a alguien por primera vez; en qué te basas para formarte una impresión sobre ellos sin saber nada de ellos. Naturalmente, a través de la forma en que están vestidos o sus habilidades de comunicación, ¿verdad? Los oyes hablar y haces "boom wow" o "ohhh" no, ¿verdad? También puedes usar las habilidades de comunicación efectivas para impresionar a la gente o influenciarlos/inspirarlos para que hagan lo que tú quieras. Sí, algunas personas lo usarán para hacer mal (piensa en la manipulación y el engaño de la gente). Sin embargo, es en gran medida una habilidad que te ayudará a convertirte en un impulsor y agitador de tu círculo profesional y social más rápido de lo que te imaginas. Una vez que domines las habilidades de comunicación que se explican en este libro, sorprenderás a la gente. Los comunicadores efectivos son atractivos, interesantes y persuasivos.

Pero no te equivoques. La comunicación no sólo consiste en hablar, sino también en ser un gran oyente, practicar la empatía y establecer una relación con los demás a través de la confianza. Piensa en lo que sucede con la capacidad de nuestro cerebro para compartir ideas o completar tareas si no somos capaces de comunicarnos. ¿Por qué crees que algunos de los mejores vendedores del mundo se las arreglarán para venderle un peine a una persona calva? La respuesta es obvia: poseen el poder de comunicarse con suficiente eficacia para convencer a sus compradores de que, aunque no necesiten el producto, querrán comprarlo. Hacen que sus productos y servicios sean deseables e irresistibles, de manera que se hace casi imposible que la otra persona se niegue. Ha sucedido innumerables veces con nosotros. Hemos comprado cosas que ni siquiera necesitamos simplemente porque el vendedor sonaba tan condenadamente convincente que rechazar el producto o servicio no era ni siquiera una opción.

Visualiza una vida en la que eres un increíble imán de gente que tiene una poderosa influencia y encanto sobre los demás. Piensa en lo maravilloso que sería tener gente que se aferre a cada palabra que dices. Piensa en lo increíble que sería dejar a la gente deslumbrada con tus habilidades de conversación. ¿Qué tal atraer a la gente hacia ti a través de la empatía y de tus excepcionales habilidades de escucha? Piensa en las maravillas de ser una persona cuya compañía todo el mundo anhela y espera. Terminarás teniendo una influencia tácita sobre los demás junto con el poder de construir relaciones significativas, satisfactorias y altamente beneficiosas que te ayuden a alcanzar tus metas personales y profesionales. La comunicación es la llave maestra que es capaz de liberar tu verdadero potencial y conectar con los demás. El mundo necesita ver lo que llevas dentro, lo cual sólo es posible a través del poder de la comunicación.

¿Y si te dijeran que puedes ser todo esto y mucho más? ¡Claro que puedes! Dondequiera que estés colgando actualmente en tu cociente de habilidades de comunicación, tienes el poder de ser el Maestro de la habilidad social. Sí, aunque te consideres el comunicador más torpe y terrible del mundo. Con la intención y el esfuerzo adecuados, no sólo sobrevivirás a las relaciones, sino que las conquistarás.

El poder de comunicarse eficazmente con las personas en varios escenarios revela una gran inteligencia social y una gran capacidad de comunicación. Comportarse de manera efectiva en múltiples situaciones sociales es el secreto del éxito personal, profesional y social de una persona.

Puedes tener todas las habilidades, calificaciones, dones, finura técnica y experiencia.

Sin embargo, si no eres un comunicador efectivo, reduces tus posibilidades de éxito, a menos que vivas en una madriguera de conejo donde la comunicación con la gente no sea necesaria. Cuando no somos capaces de comunicarnos con los demás, nuestro vínculo de colaboraciones y asociaciones se debilita, inhibiendo así nuestras posibilidades de éxito o la capacidad de vivir una vida plena y significativa. La comunicación efectiva, por lo tanto, es uno de los mayores secretos para tener éxito en todas las esferas de la vida.

¿No se deja pisotear como cliente por un representante de atención al cliente que no sólo es capaz de entender su preocupación escuchándole con atención, sino que también demuestra empatía y la resuelve por usted? A todos nos gusta que nos entiendan. Nos encanta cuando la gente nos escucha en vez de simplemente escuchar lo que decimos.

Según un estudio de investigación, las empresas con prácticas de comunicación sanas y significativas superan a sus competidores por unas tres veces y media. Estas son las empresas que construyen equipos sólidos, evitan los malentendidos, desarrollan un servicio de atención al cliente eficiente, negocian acuerdos beneficiosos y obtienen retroalimentación de sus clientes, todos ellos factores que contribuyen a un funcionamiento fluido del negocio. Ninguno de nosotros aquí está operando desde una isla aislada sin ningún contacto humano. Estamos rodeados de gente y estamos constantemente ocupados en satisfacer sus necesidades y hacer que satisfagan las nuestras. Un líder poderoso, magnético y atractivo puede inspirar a su equipo a correr tras sus objetivos. Puede hacer que la gente tome la acción deseada si es un líder efectivo y convincente.

Piensa en tu personalidad o empresario favorito. Hay muchas posibilidades de que la persona que has elegido como tu ídolo sea un comunicador de primera clase. Ser un comunicador de primera clase no implica hablar con ligereza o ser un buen conversador. Los comunicadores efectivos son personas que demuestran la habilidad de conectar con la gente a través de la construcción de relaciones, escuchando y mostrando empatía. Se centran en la construcción de conexiones significativas y satisfactorias. La comunicación se trata tanto de escuchar, comprender y responder a lo que la otra persona está diciendo como de hablar.

La mayoría de la comunicación efectiva tanto en las relaciones interpersonales como en los negocios implica analizar a las personas, escucharlas, observarlas y calibrar nuestras respuestas en consecuencia. Por ejemplo, tomemos una habilidad como la negociación, que es un subtema de comunicación profunda en sí misma. Un as de la negociación es una persona que es capaz de leer a otras personas como si fueran libros y de modular su mensaje para tirar de las cosas a su favor.

¿Sabe por qué algunos negocios caen en el camino en tan sólo seis meses o un año? ¡Porque sólo se preocupan por hacer productos y empujarlos a los clientes desafortunados! Es un enjuague y repetir el proceso clínico hasta que los clientes se harten y dejen de comprar. ¡Boom, el negocio se cierra! Puedes tener la idea más asombrosa del mundo o los planes de marketing más ingeniosos que se te ocurran. Sin embargo, si tus clientes no pueden conectarse con ella, te diriges hacia el fracaso.

Para ser un profesional o una persona de negocios de primera clase, hay que tener la capacidad de conseguir que los demás le escuchen, al tiempo que se les escucha y se demuestra comprensión o empatía por lo que hablan. Esto sucede cuando hablas de una manera que resuena con la gente.

Como profesionales, tratamos constantemente con varios clientes externos e internos. Esto incluye a todos, desde sus gerentes a los empleados, a los clientes potenciales y a los clientes.

El aspecto más importante de ser un comunicador experimentado es que no se trata sólo de ti. De hecho, la comunicación efectiva es principalmente sobre el receptor de tu mensaje. Sólo hablar no garantiza automáticamente que la gente te escuche. Para conseguir que la gente te ofrezca su valioso tiempo, energía y atención, debes ser capaz de despertar su curiosidad, captar su atención y ofrecer un valor claro. Deben ser capaces no sólo de entenderte sino también de relacionarse contigo. Un comunicador efectivo es alguien a quien la gente "*desea escuchar*" no "está obligada *a escuchar*" (¿recuerdan el aburrido profesor de la clase, cuyas sesiones tuvimos que pasar sin poder elegir?) El signo de un buen comunicador es alguien que la gente elige para hablar o escuchar.

Si no te identificas realmente como una persona capaz de mantener un magnetismo o carisma tácito sobre la gente, amigo, no eres el único. Conozco a mucha gente que lucha con la comunicación y la ansiedad social, pero que se han adelantado y se han convertido en maestros de la comunicación gracias a su determinación y a su práctica regular. Hay innumerables personas incómodas socialmente en todo el mundo con diferentes niveles de ansiedad social. Si siempre te preocupa que la gente no te encuentre lo suficientemente interesante o que no sea capaz de decir las cosas perfectas en el momento perfecto, yo también estuve allí una vez. Conozco la sensación, y también la tienen muchos otros.

Te atrapa la sensación de ser juzgado cada segundo por no ser un conversador atractivo. Puedes pensar que la gente se está riendo a tus espaldas después de que te hayas ido. Conozco gente que sufre de ansiedad social de leve a extrema que se manifiesta a través de síntomas fisiológicos como sudor, ansiedad excesiva, aumento de los latidos del corazón, palpitaciones más altas y así sucesivamente. Esto no es para asustarte. Es para decirte que la ansiedad social y la incapacidad de comunicación es un problema real.

Uno de los mayores retos con los que se enfrentan las personas con baja inteligencia social o habilidades de comunicación ineficaces es la capacidad de conectar o relacionarse con los demás, cuando la comunicación con un grupo de personas o un individuo, ¡los comunicadores ineficaces tienen la sensación de estar fuera de lugar! Hay una clara sensación de estar desconectado y la incapacidad de relacionarse con otras personas.

Por el contrario, aquellos con una inteligencia social y habilidades de comunicación muy desarrolladas son capaces de adaptarse y conectarse con la gente de forma instantánea y sin esfuerzo. Rara vez les resulta difícil reunir información sobre los sentimientos y las emociones de la gente para utilizar este inestimable conocimiento para forjar fuertes lazos. Son lo suficientemente perceptivos como para estudiar el estilo y los patrones de comunicación de otras personas y son capaces de adoptar sin problemas estos estilos para que las personas se relacionen con ellos de manera más eficaz.

Si te identificas con el grupo anterior, no te preocupes, te cubro las espaldas. Hay mucha gente que navega en el mismo barco buscando estímulo, sugerencias que funcionen e inspiración, que encontrarás abundante en este libro.

Este libro está escrito para sostener tu mano y ayudarte a pasar de ser un comunicador vacilante o torpe a ser un comunicador superestrella de una manera paso a paso. No pasarás de ser socialmente incómodo a ser masivamente popular de la noche a la mañana. Sin embargo, darás pequeños pasos en la dirección de la seguridad en ti mismo, la confianza y la autoestima para formar relaciones maravillosas y alcanzar tus objetivos personales y/o profesionales.

La formación de relaciones personales, profesionales y sociales satisfactorias tiene múltiples ventajas. Disfrutará de una vida menos estresante, experimentará más positividad en su entorno, cumplirá sus objetivos, difundirá alegría e inspirará a la gente a dar lo mejor de sí misma, a la vez que aumentará sus posibilidades de ganar más riqueza y de disfrutar del dulce aroma del éxito.

Capítulo 1:
Venciendo a la timidez y la ansiedad social como un jefe

Digamos, por ejemplo, que quieres ser una persona socialmente segura, segura de sí misma y encantadora, que no teme ser juzgada o evaluada por los demás. Cuando te sigues diciendo a ti mismo que eres una persona segura de ti mismo, divertida y encantadora, la mente lo cree. Lo que pasa con nuestra mente (especialmente con el subconsciente) es que no distingue entre la realidad y las aspiraciones. Si sigues diciendo que quieres ser una persona más segura de sí misma, la mente subconsciente cree que eres una persona segura de sí misma. Por lo tanto, impulsa tus acciones en consonancia con ser una persona más segura socialmente.

Un simple cambio en tus pensamientos o en la forma en que programas tu mente subconsciente puede provocar una enorme transformación en tu condición. Aquí hay algunos consejos probados para empezar.

Construir una imagen más práctica y razonable de los demás

Mientras idolatras a los demás o los admiras, aprende a tener en tus habilidades también. Otros también son susceptibles a los mismos errores y deficiencias que ves en ti mismo. Puede que no conozcas las debilidades o retos de los demás porque pueden ser buenos para ocultarlos. Esto no implica que otras personas sean superiores a ti o que posean mayores habilidades que tú.

Todos están luchando contra sus limitaciones y desafíos, y nadie es perfecto. Tengan una visión realista de los demás. Son humanos con un conjunto de fortalezas y debilidades, y también flaquean. También cometen errores o se equivocan en su juicio. Es muy poco realista creer que todos son superiores a ti o mejores que tú.

Mira los momentos en los que has sido mejor que la mayoría de la gente.

Todos tienen sus propios miedos, así como tú tienes miedo de las situaciones sociales. Sólo porque tengas miedo de algo no significa que debas estar ansioso por ello.

Afronta tus inhibiciones y miedos

En lugar de rozar tus miedos y ansiedades bajo la alfombra, dirígete. Supere su fobia social identificando situaciones específicas que causen su incomodidad o coacción. No las evite ni se sienta abrumado por ellas si realmente tiene la intención de eliminarlas.

Evitar estos miedos conduce a una incomodidad y una fobia aún mayores, lo que magnifica el asunto. Cuanto más intentamos escapar de algo en lugar de abordarlo, nuestra condición se convierte en un problema mayor. Enfrentarse a los desafíos es el primer paso para eliminarlos. Por ejemplo, si un escenario social específico, como hablar en público, te pone ansioso o estalla en un sudor incontrolable, en lugar de temerlo, comienza a enfrentarlo. Dígase a sí mismo lo que puede perder al no superar su miedo a hablar en público. No podrá compartir sus ideas y aportaciones con los demás, al tiempo que obstaculizará el desarrollo de las asociaciones empresariales.

La evitación es un ciclo doloroso que conduce a una mayor evitación en lugar de eliminar el problema de raíz. Empiece gradualmente mirándose en el espejo mientras habla. Trabaje en su habla, postura, gestos, expresiones y tono de voz para verse y sonar más seguro.

Fíjese en su aspecto y en su sonido. Realmente no es tan malo como te imaginas. Lentamente, empieza a dirigirte a un par de amigos o familiares en un intento de superar tu miedo a hablar en público. Elija una presentación o discurso corto que no sea muy complicado de comunicar. Utiliza el poder de la comunicación no verbal para que tu discurso en público sea aún más impactante. Cuando te ves más equilibrado y seguro, la gente invariablemente te mira de forma diferente.

Domina las posiciones de poder o las posturas que te hacen parecer más autoritario y asertivo.

Una vez que ganes un poco más de confianza, empieza por dirigirte a un pequeño grupo de compañeros de trabajo o conocidos. Comienza con situaciones fáciles de manejar y gradualmente pasa a las más difíciles. Una vez que logras una pequeña victoria en un proceso, es más fácil conquistar otros miedos más grandes. Sin embargo, tienes que dar ese paso valiente para empezar.

Esto no sólo le ayudará a superar su ansiedad social, sino que también aumentará su autoestima y confianza en sí mismo.

Tener más fe en la gente

En lugar de creer que la gente siempre está evaluando su negatividad, acérquese a ellos desde el punto de vista de la confianza. Entienda que las intenciones de la gente no son cuestionables todo el tiempo.

Puede que haya habido casos en el pasado en los que la gente traicionó su confianza. Sin embargo, intente pasar del pasado desarrollando un mayor perdón y tolerancia. Comprende que unos pocos encuentros con gente mala no hacen que el mundo o todos sean malos. Hay personas positivas y negativas, al igual que hay manzanas dulces y podridas.

Las personas también pueden desarrollar un temor por otras personas y relaciones sociales cuando han pasado por una relación perjudicial o se les ha quebrantado la confianza. Sin embargo, con tiempo, esfuerzo y consistencia, se puede empezar a confiar en la gente de nuevo.

Aquí hay algunos consejos para construir una mayor confianza.

- Sé tolerante con los errores de los demás y no los juzgues rígidamente. Encuentra un camino intermedio. Mostrar consideración por lo que otros pueden haber pasado, lo que los ha llevado a convertirse en lo que tienen. En lugar de juzgar a las personas, trata de entenderlas. Cuando resistes el impulso de juzgar a la gente, gradualmente te libras del miedo a ser juzgado por otras personas.

- Mantente honesto.
Diga la verdad. Inspirar la confianza de los demás comunicándose de manera genuina. Una vez que los demás confíen en ti, te será más fácil confiar en ellos, y el miedo a ser juzgado por ellos se eliminará gradualmente.

- Llegar a la gente y mostrarles que te importa realizando actos de empatía y amabilidad

No siempre pongas tus intereses por encima de los de otras personas. Estar cerca cuando la gente te necesite de verdad. Cuando la gente se dé cuenta de que te preocupas por sus intereses tanto como por los tuyos, confiarán en ti. Una vez que desarrollan la confianza para ti, es más fácil confiar en ellos.

- No busques la perfección en la gente o en ti mismo
Entienda que nada ni nadie es perfecto. Dejar ir las debilidades y limitaciones de la gente mientras se enfocan en sus fortalezas.

Tomar riesgos para salir de su zona de confort

Incluso los pequeños riesgos que te ayudan a salir de tu zona de confort y probar algo que normalmente no harías pueden ser beneficiosos a la hora de vencer la ansiedad social. Por ejemplo, si no suele ir a tomar café con sus compañeros de trabajo y prefiere sentarse en su escritorio fingiendo que trabaja, intente salir durante 5-10 minutos durante el día. Comienza a almorzar con tus compañeros de trabajo, aunque sea por poco tiempo. No te transformará de una persona socialmente ansiosa a una persona gregaria y segura. Sin embargo, darás un paso en la dirección correcta. Toma riesgos calculados y saludables. Por ejemplo, si tienes miedo de conocer gente nueva, inscríbete en una cita a ciegas.

Las pequeñas situaciones cotidianas pueden conducir lentamente a resultados más grandes. Una vez que logre o supere las pequeñas situaciones, comenzará a darse cuenta de que no es tan malo como se imagina. De hecho, terminará disfrutando o experimentando una cálida sensación de alivio. Esto le animará a participar en situaciones sociales aún más desafiantes.

En lugar de ser un lugar cómodo y seguro (tu sofá o tu casa), ve al parque y haz nuevos amigos. Practica un deporte, anda en bicicleta o corre. Haz pequeños cambios en tu rutina donde tengas la oportunidad de conocer e interactuar con nuevas personas. Incluso si no funciona, te alegrarás de haberlo intentado.

Si no eres un orador muy seguro y siempre evitas hablar en público, intenta ser voluntario proactivo para tener más oportunidades de hablar sin preocuparte por cómo te irá.

Empiece con pequeñas charlas que no sean cruciales o que requieran que se dirija a un grupo pequeño.

Dar pequeños pasos para conocer e interactuar con personas que comparten intereses y pasiones similares. Entrena tu mente para que esté atenta a las pistas cuando la gente quiera conectarse contigo. Desafía tus pensamientos cada vez que intenten impedirte hacer algo. Cada vez que te encuentres temiendo algo, comienza a hacerlo de una manera pequeña. No tienes que ir y agarrar el escenario directamente. Comienza abriéndote a unas pocas personas o dirigiéndote a un grupo pequeño.

Construye tu paciencia, coraje, fuerza de voluntad, perseverancia

Por muy duro que parezca, la única forma de eliminar tu timidez es desafiarla. No sucederá de repente o dramáticamente en un destello de unos pocos momentos de iluminación. Es un proceso exigente que se desarrolla gradualmente paso a paso. La idea es no perder el ritmo.

Cada día da un pequeño paso hacia el logro de su objetivo de ser una persona más segura y socialmente relajada con coraje y paciencia. Toma nota de los éxitos más pequeños para que puedas continuar el impulso con historias de éxito más grandes. Sea consciente del hecho de que sólo porque sufra de timidez o ansiedad social no significa que esté condenado a una vida de soledad, miseria y aislamiento.

Puedes comenzar a estar en compañía de otros y gradualmente comenzar a interactuar con ellos hasta que puedas enfrentarte a las situaciones sociales con más confianza. Expóngase a discursos y charlas hasta que se sienta cómodo, usted puede hacer lo mismo. Consigue la ayuda de un terapeuta si es necesario. Dígase a sí mismo que la mayoría de las personas tienen que lidiar con algo más que evaluar o juzgar sus acciones.

Su único objetivo en la vida no es burlarse de ti ni observar minuciosamente cada movimiento tuyo. Cuando empieces a pensar en estas líneas, empezarás a darte cuenta de que la gente no se preocupa por ti, lo que te ayudará a relajarte un poco.

Incluso si flaqueas unas cuantas veces durante el proceso o eliminas tu ansiedad social, no hay razón para dejarlo. Como discutimos antes, no sucederá de la noche a la mañana. Puede tomar varias semanas o meses para superar gradualmente su condición. Sin embargo, tenga la paciencia y la perseverancia para quedarse y así lo que se requiere.

Construye una imagen más razonable, práctica y equilibrada de ti mismo

Las personas que sufren de timidez o de incomodidad/ansiedad social siempre se creen inferiores a los demás. No se valoran lo suficiente a sí mismos ni dan la debida importancia a sus habilidades. No tienen suficiente confianza en sus habilidades o potencial.

Empieza a creerte a ti mismo desarrollando una imagen más realista. No eres realmente inferior a toda la gente, todo el tiempo. No eres indigno de ser amado por otras personas. Ten una mayor confianza en tus habilidades y potencial. Cada vez que te encuentres socavando tu propio potencial o cualidades, piensa en los casos en que hiciste algo realmente bien. No creas que las cosas saldrán mal todo el tiempo antes de llegar a la situación. Cada vez que te encuentres complaciendo en la autocrítica, golpea con evidencia que pruebe lo contrario.

Piensa en todas las cosas que haces bien. Las cosas salen mal a veces, lo que no significa que siempre salgan mal o que nunca vayas a ser suficiente. Evita hacer afirmaciones generalizadas o arrolladoras como "*soy muy estúpido*" No tienes que personalizar todo.

En lugar de decir "*soy estúpido*", di algo como: "Bien, *esto no salió exactamente como pensé que saldría. Sin embargo, di lo mejor de mí y estoy mejorando con el tiempo*". Toma un enfoque más realista con tus debilidades y aprecia tus fortalezas. Por cada nuevo reto que aceptes, hay un 50 por ciento de posibilidades de éxito, recuerda siempre esto. Todo depende de tu fuerza de voluntad y de tu fuerza interior.

Empieza por entender tu verdadero y realista valor, que no te hará sentir inferior a los demás.

No busques la constante validación de otras personas sobre tus fortalezas y habilidades. Sigue trabajando en tus competencias; aprende nuevas habilidades y practica estando más seguro de ti mismo.

Controla tu respiración para regular las reacciones emocionales

Practica la respiración y el control de la misma. Cuando está ansioso, a menudo le falta el aliento o respira rápido/rápido. Un ritmo de respiración acelerado hace que la condición psicológica empeore aún más. Puede causar ansiedad, sofocos, sudor y mareos.

Por lo tanto, elimina esta timidez o los síntomas fisiológicos de ansiedad social aprendiendo a controlar su respiración. Empieza por sentarte en un lugar tranquilo y libre de distracciones. Siéntese en una postura cómoda y relajada en una silla o en el suelo. Concéntrese en su respiración. Empiece a contar lentamente mientras inhala profundamente, y luego cuente mientras exhala profundamente.

Al cambiar el patrón de respiración, puede revertir los síntomas físicos de la ansiedad. Un pequeño tamiz en el patrón, ritmo y frecuencia de la respiración puede desencadenar tu respuesta parasimpática. Esto no es más que la poderosa reacción de tu cuerpo a la respuesta de emergencia, que se conoce como respuesta de relajación.

Concéntrate en la respiración. Aprenda a respirar con facilidad mientras controla los síntomas de la ansiedad social o la timidez. Cada vez que se encuentre en una posición incómoda, concéntrese en la respiración. Cuando sus pensamientos vagan, reconozca los pensamientos extraviados en lugar de luchar contra ellos. Vuelva a respirar suavemente después de reconocer estos pensamientos que le distraen. Permita que el aire fresco llene sus pulmones. Controlar la respiración le da el poder de controlar sus pensamientos.

Fíjese en cómo su aliento impacta en otras partes del cuerpo como la boca, la garganta, los pulmones, el abdomen y el estómago.

La idea es ser más consciente de la respiración, centrándose en ella para reducir los síntomas de la ansiedad social o la timidez.

Cuando te sobrepase la ansiedad, intenta dominar la técnica tumbándote. Más tarde, comience a respirar en una postura de pie o sentado. Divide 20 minutos de respiración profunda en 4 o 5 periodos de relajación más cortos que pueden ser practicados en cualquier momento del día.

Evitar los pensamientos autodestructivos, perjudiciales y negativos

Las personas que sufren de ansiedad social suelen estar abrumadas por pensamientos y sentimientos negativos, además de varios prejuicios hacia los demás y hacia sí mismas. Esto empeora su condición.

Se dirán perpetuamente cosas como: "*Soy tan estúpido o tonto*" o "*Soy tan torpe con la gente*" o "*Nunca puedo decir lo correcto delante de la gente*" o "*Soy un completo desastre con la gente*". Piensan que todos los demás piensan que son estúpidos o que su voz empieza a temblar mientras conversan con los demás, especialmente con los extraños. También existe la sensación de que a nadie le importa realmente lo que dicen.

Deshacerse de estas ideas es crítico para el proceso de recuperación. Si quieres vivir una vida libre de ansiedad social, empieza a trabajar para reemplazar estos pensamientos auto limitados por otros más positivos. Puedes buscar ayuda profesional o intentar eliminar estos pensamientos por tu cuenta. Identifica cuándo y cómo estos pensamientos negativos automáticos se abren camino dentro de tu mente.

La próxima vez que hagas un examen o asistas a una entrevista de trabajo o te encuentres en una situación social, deja de pensar en las cosas que pueden salir mal. Cuestiona tus propios patrones de pensamiento negativo. "¿Estoy seguro de que *otras personas piensan que soy incompetente o inadecuado? ¿Hay alguna evidencia de que tengan una opinión negativa sobre mí?* "Intenta reformular tus pensamientos dándoles un giro más positivo o realista. Evita catastrófica los pensamientos o pensar en términos extremos. La verdad más realista y racional es que las cosas no son tan malas como te las imaginas. Cuando alguien no responde a tu llamada, puede que no sea porque te esté evitando o no le gustes. Puede estar ocupado en una reunión o conduciendo al trabajo.

La timidez o la ansiedad social se origina en una necesidad muy arraigada de imaginar lo peor. Siempre imaginas que no le gustas a la gente o que piensas que eres estúpido o que te perciben de una manera muy negativa. La verdad realista está a menudo lejos de ello. La gente no siempre evalúa tu apariencia (a menos que seas una estrella de la realidad o un actor) o juzga tus habilidades de conversación. Es sólo tu tendencia a exagerar las cosas lo que te lleva a tener esos pensamientos autodestructivos. La realidad es más equilibrada y está en algún lugar entre el blanco y el negro.

Cada vez que encuentres al monstruo de la autocomplacencia negativa apareciendo en tu cabeza, háblale. Cuando hablas con tu crítico interior, le quitas el poder de controlar tu mente y tus acciones. Decirle al crítico que no quieres escuchar lo que dice lo hace impotente. Empieza a hablar y ordena al crítico que desaparezca. Dile que te niegas a escucharlo o a creerlo. Dígale que sus mentiras han sido invocadas en muchas ocasiones. Haga que el crítico interior sea consciente de que está demostrando una mayor amabilidad hacia usted mismo, donde no tiene cabida.

Una estrategia que funciona maravillosamente bien cuando se trata de vencer los pensamientos negativos es darle un nombre a tu crítico. Luego tener un aliado con otro nombre. Cada vez que 'Bunny' sienta la necesidad de decirte lo miserable que eres, deja que 'Peter' intervenga y hable de lo bien que te fue en el evento al que asististe por última vez. Permita que el aliado ofrezca toda la evidencia posible para contradecir todo lo que dice el crítico.

Hacer de la reflexión diaria un hábito

¡Tienes un potencial ilimitado dentro de ti que simplemente necesita ser desbloqueado! Tómese un tiempo para reflexionar sobre quién es usted y lo que es capaz de lograr. Ayudará a restaurar un sentido de equilibrio y coherencia en tu vida. Establece un sentido más elevado de propósito y paz que hará tu vida más significativa.

Reserva algunas horas de tu día para la auto-reflexión. Hágase preguntas como, ¿cuál es mi verdadero potencial? ¿Cuáles son mis rasgos positivos, habilidades y fortalezas? ¿Cómo puedo contribuir a que la vida de otras personas sea más significativa? ¿Qué soy capaz de lograr que aún no he logrado?

Entréguese a estas reflexiones para hacer su vida más significativa y con un propósito. Le permitirá centrarse en lo positivo en lugar de lo negativo.

Los diarios, las visualizaciones, las afirmaciones y la meditación son herramientas poderosas de auto-reflexión. En los diarios, escribes tus pensamientos en una conciencia libre sin pensar demasiado o censurarlos. Escribes los pensamientos que te vienen a la mente mientras intentas darles una dirección más positiva. En el proceso, estás programando tu mente subconsciente para que sea una persona más segura de sí misma y que se sienta a gusto en situaciones sociales.

Empiezas a escribir lo que quieres lograr o tus metas para ti mismo. Cuando escribes constantemente sobre lo que quieres lograr, estás engañando a tu mente subconsciente para que lo crea como la verdad. La mente subconsciente es incapaz de diferenciar entre la imaginación y la realidad, y por lo tanto dirige tus acciones en línea con lo que cree que es real.

Escriba sobre sus metas, deseos y objetivos relacionados con la ansiedad social. Asegúrate de leer estos objetivos periódicamente para recordártelos.

Por ejemplo, si sigue escribiendo que es una persona segura de sí misma; su mente cree que es cierto y dirige su cuerpo para que actúe de manera que revele una mayor confianza y seguridad en sí misma en las situaciones sociales.

Piense en los casos durante el día en los que reveló una mayor confianza en sí mismo o superó su miedo por las personas o hizo un pequeño intento de enfrentar la situación en lugar de huir. Es mejor escribir un diario antes de ir a la cama porque cuando tu mente consciente está descansando, la mente subconsciente está en su elemento. Cuando piensas estos pensamientos justo antes de dormir, permites que tu mente subconsciente procese y absorba la información.

Nuestra mente tiene un flujo constante de pensamientos involuntarios que la atraviesan. El ritmo es tan rápido e indetectable que se hace difícil distinguir los distintos pensamientos. Es muy parecido a la música de fondo que se escucha mientras se trabaja. Aunque no te concentras activamente en ella, está ahí en alguna parte. Ni siquiera nos damos cuenta de nuestros pensamientos, pero nos impactan en múltiples niveles.

Así como la música de fondo afecta a tu estado de ánimo y emociones sin que te des cuenta, nuestros pensamientos tienen el poder de moldear nuestro comportamiento sin que nos demos cuenta. El auto diálogo involuntario que ocurre en la mente puede moldear tu realidad de una manera más positiva si puedes reprogramar tu mente conscientemente con pensamientos más constructivos. En lugar de permitir que tu auto conversación permanezca en un segundo plano, llévala a un primer plano y úsala para programar tu mente de manera más positiva para inspirar acciones positivas que te ayuden a vencer la ansiedad social.

Las afirmaciones son declaraciones positivas que intentan condicionar su mente hacia la creencia de pensamientos positivos y esperanzadores, conduciendo así a acciones más positivas. La repetición es la clave para programar tu mente subconsciente. Cuando usted sigue repitiendo un pensamiento una y otra vez, su mente está sintonizada para percibirlo como su realidad. Por lo tanto, guía tus acciones en sincronía con esta realidad. Aquí hay algunas afirmaciones para las personas que sufren de ansiedad social.

Las afirmaciones deben incluir siempre palabras positivas, deben repetirse varias veces durante el día y deben decirse en tiempo presente como si ya estuviera sucediendo. Además, evita usar palabras negativas en las afirmaciones. Por ejemplo, si quiere decir, "*No soy socialmente tímido o torpe*", diga, "*Soy socialmente seguro y sin esfuerzo*".

Reemplazar las palabras y frases negativas por términos más positivos. De esta manera, no confundes tu mente subconsciente, que no entiende los términos negativos. Al decir, "*No soy tímido ni socialmente torpe*", sólo estás reforzando la timidez y la incomodidad social, exactamente lo contrario de lo que deseas lograr.

Del mismo modo, la meditación es otra poderosa herramienta de autorreflexión. Elige el estilo de meditación que mejor se adapte a tu propósito. Siéntese en una postura relajada y empiece por concentrarse en la respiración. Gradualmente, entra en un estado más profundo de conciencia prestando atención a tus pensamientos y a tu cuerpo. Enfócate en cada parte del cuerpo y siente la energía dentro de él. Siente una nueva ración de energía, positividad y esperanza en cada parte del cuerpo.

Empieza por la cabeza y baja gradualmente hasta llegar a los pies. Concéntrese en los reflejos positivos, y tenga cuidado con sus pensamientos, sentimientos y palabras para evitar ser arrastrado por pensamientos negativos. Cuando te encuentres abrumado por pensamientos negativos, destructivos o autodestructivos, simplemente reconócelos y vuelve a los pensamientos y sentimientos positivos.

Personalmente encuentro las visualizaciones muy efectivas cuando se trata de superar la timidez y la ansiedad social.

Cuando imaginas ciertas visualizaciones, estás de nuevo enviando poderosas señales a la mente subconsciente. Nuestra mente es muy receptiva a los símbolos visuales y a menudo los absorbe más eficazmente que las palabras.

Las personas tímidas y socialmente ansiosas tienden a enfocarse demasiado en la idea de que la gente les presta atención o los juzga todo el tiempo. No, los ojos de todos no están en ti todo el tiempo. Operar con el pensamiento de que todos los ojos están sobre ellos y por lo tanto deben hablar y actuar de una manera específica sólo intensifica la ansiedad social.

Cuando te visualizas como parte de cualquier situación social se desencadenan sentimientos de ansiedad, timidez o nerviosismo. Sin embargo, si visualizas la misma situación desde el punto de vista de sobresalir entre la multitud, te sentirás más a gusto. No te imagines inmediatamente haciendo una presentación ante el público. Más bien, visualízate como el público para reducir la ansiedad.

Visualízate como una persona inteligente, segura de sí misma y confiada en sí misma. Cierra los ojos y relájate completamente. Ponga música relajante e imagínese en una situación social.

Visualiza cada detalle. ¿Cómo te comportas en el escenario? Visualízate como una persona bien vestida, segura de sí misma y popular que se comunica con la gente de manera efectiva. Preste mucha atención a detalles como su vestimenta, su lenguaje corporal, sus gestos, su habla, su caminar, su voz, sus expresiones y su postura.

¿Cómo saludas a la gente nueva? ¿Cómo te perciben los demás? ¿Qué te dicen los demás? Piensa en términos de experiencias sensoriales. ¿Qué oyes, ves, hueles, saboreas y sientes? Involucra tantos sentidos como puedas en la visualización. Practica la visualización durante unos minutos todos los días (preferiblemente antes de acostarte o a primera hora después de levantarte). Poco a poco empezarás a notar los cambios que se producirán en tu persona. Estás alimentando con poderosos símbolos a la mente subconsciente, que lentamente alineará tus acciones con estos pensamientos.

Si tienes miedo de asistir a una reunión o evento próximo, simplemente visualízalo antes de asistir a él. Visualice la situación en detalle. Visualícese como una persona amistosa, desinhibida y segura que está relajada en compañía de otros.

Imagine cómo actúa la gente a su alrededor, que le tiende la mano y que socializa con facilidad. La mente subconsciente comenzará gradualmente a conectar estas imágenes con situaciones de la vida real, lo que se reflejará en tu actitud. Cuando las personas observen tu actitud, responderán a ti de forma más positiva.

Se sabe que la visualización es una de las herramientas más poderosas para combatir la timidez, la ansiedad social y la fobia social. Úsela en combinación con otras técnicas para obtener resultados óptimos. Por ejemplo, puede combinar afirmaciones, diarios y visualizaciones para superar gradualmente la ansiedad social.

Identificar los problemas y los miedos, junto con sus desencadenantes

Al centrarse en sus problemas y miedos, está buscando activamente eliminar los elementos que están haciendo que su miedo o existencia sea aún peor.

Por ejemplo, si su pareja u otro miembro de la familia está constantemente juzgando, criticando o haciendo comentarios poco caritativos sobre usted, hay muchas posibilidades de que empeore su autoestima y, por lo tanto, le haga tener más miedo a las situaciones sociales. Del mismo modo, si los compañeros de trabajo hacen constantemente comentarios poco halagadores sobre usted, puede provocar una situación de frustración y ansiedad social aún mayor.

Al concentrarse en sus problemas, es capaz de identificar los factores desencadenantes que están perjudicando aún más su condición. Le da la oportunidad de concentrarse en una solución: rodearse de personas más positivas e inspiradoras en su vida que le levanten en lugar de destrozarle. Si algo o alguien está aumentando tu miedo a ser juzgado negativamente por los demás, busca maneras de evitar a la persona o la situación. Identificando las cosas que empeoran las cosas, puedes concentrarte en las soluciones.

Capítulo 2:
Superar la falta de confianza y el miedo a ser juzgado

Si hay algo que dificulta el proceso de comunicación efectiva y nos impide ser nuestro yo natural, seguro y confiado, es el miedo cada vez mayor a ser juzgados por los demás. Esto es especialmente cierto para las personas que son tímidas o sufren de diversos niveles de ansiedad social. Funcionan perpetuamente con una mentalidad que cada vez que hablan o realizan cualquier acción; la otra persona o personas los juzgan o se burlan secretamente de ellos. La necesidad de evitar dejar una impresión negativa es tan imperiosa que dejan de interactuar con las personas por completo.

La gente puede ponerse en un comportamiento altamente autodestructivo para evitar la posibilidad de ser juzgado negativamente por otras personas. Para empezar, puede que eludan decir a los demás lo que realmente desean decirles. Puedes evitar hablar en el trabajo, fiestas o clases por miedo a "no ser lo suficientemente bueno" o ser ridiculizado. Puede que no le diga a su ser querido sus verdaderos deseos, o que dude en pedirle un aumento a su gerente. Puede que no quieras decirle a una nueva cita dónde prefieres llevarlos a cenar. La vacilación surge como resultado de temer que el juicio de otras personas pueda impactar todas las áreas de su vida y le impida disfrutar de relaciones más gratificantes al compartir ideas, sentimientos, puntos de vista y emociones auténticas/ genuinas. Dejarás de ser tú mismo e intentarás ser alguien que no eres sólo para complacer a la otra persona o para evitar ser juzgado por ella.

El miedo al juicio está profundamente conectado con la necesidad inherente de ser querido y aceptado todo el tiempo. Esto puede estar psicológicamente enraizado en nuestra experiencia de la infancia y la adolescencia temprana. La necesidad de ser querido y aceptado por los demás es tan poderosa que nos impide comunicarnos de forma desinhibida. Por lo tanto, somos incapaces de expresar nuestro verdadero yo en el proceso. Es un hecho que los seres humanos siempre se juzgan unos a otros. Siempre están formando impresiones sobre si les gusta o no algo o si algo es bueno o malo. Entonces, hay muchas capas entre los dos extremos. A medida que seguimos procesando nueva información, nuestra mente está evaluando y reevaluando las cosas, lo cual es un proceso continuo.

En lugar de evitar un tema no mencionando nada sobre nuestras opiniones, sentimientos o preferencias, y trabajar en la dirección de complacer a todos todo el tiempo, trata de superar tu propio miedo a ser juzgado por la gente. Acepte que el miedo existe, y trabaje activamente en este miedo o ansiedad para enfrentar al toro por sus cuernos.

Debido a este miedo, no pueden tener conversaciones significativas, participar en discusiones saludables y disfrutar de relaciones satisfactorias con la gente. ¿Es usted alguien que encuentra insoportablemente doloroso comunicarse con la gente por miedo a ser juzgado por los demás? Si es así, no está solo. Aquí tiene algunos consejos para superar este miedo y facilitar una comunicación más abierta, eficaz y sin miedo.

Los juicios son inevitables

Incluso las mejores y más exitosas personas del mundo son juzgadas. Por lo tanto, no hay forma de escapar de ello. Resiste el impulso de controlar o influenciar el juicio de otras personas sobre ti. Afectará la forma en que te comunicas con ellos. Sólo hay un límite para controlar el juicio de los demás sobre ti. No exijas que los demás no te juzguen. No ayuda esperar que podamos vivir sin ser juzgados a menos que vivas en una madriguera de conejo. La gente tiene tendencia a juzgar a otras personas palabras, acciones, decisiones, valores, patrones de comportamiento, creencias, actitudes e ideologías. Pueden o no pueden expresarlo, pero lo juzgarán. Es un proceso del cerebro humano más fisiológico, donde tomamos la información y la procesamos usando nuestros propios filtros de sesgos, actitudes, creencias, ideologías, prejuicios y demás. Es casi un proceso incontrolable e involuntario.

Mientras se comunican, haz que sea más fácil para la gente evitar juzgarte compartiendo el contexto de tus sentimientos. Esto hará más fácil que la gente con la que compartes la información te entienda con la comprensión y la compasión necesarias. La compasión es el asesino del juicio final. Piensa que es la kriptonita del juicio. Los dos pueden coexistir raramente. Cuando hay compasión, comprensión y sensibilidad, los juicios tienen poco poder. El contexto ofrece a la gente la oportunidad de entender su situación con mayor empatía poniéndose en su lugar. Así, no hay tendencia a juzgarte.

Por ejemplo, si le dice a alguien que su relación está casi arruinada porque su pareja está constantemente recibiendo sus sospechas, también ofrezca alguna información de fondo o contexto para ayudarles a ver las cosas desde su perspectiva. En el ejemplo anterior, es probable que el oyente lo juzgue como una pareja demasiado posesiva, celosa o sospechosa. Sin embargo, si usted menciona que le han engañado y mentido en relaciones pasadas, lo que alimenta su temor a ser engañado en la relación actual, la persona puede comprenderle mejor. Proporcione a las personas suficiente información para ayudarles a ver las cosas desde su perspectiva y evite hacer juicios radicales basados en hechos aislados aquí y allá.

Provoca un cambio en tu percepción

Una forma de vencer el miedo a ser juzgado es provocar un claro cambio de perspectiva en compañía de otras personas. Desviar el enfoque en otro aspecto en lugar de enfatizar en qué y cómo otras personas están pensando en ti. Intenta centrarte en las conversaciones mientras intentas estar en sintonía con otras personas. Comprende que por mucho que te gustaría centrarte en quién o qué eres, la gente no se centra en ello.

Incluso si dices algo incómodo o tus acciones son embarazosas en tu opinión, la gente apenas las nota. Podemos obsesionarnos con una pequeña cosa que le dijimos a alguien hace semanas, y esperar de forma poco realista que la persona siga aferrándose a ella como nosotros. Hay muchas posibilidades de que el individuo se haya olvidado completamente de ello y haya pasado a otras cosas. Sus recuerdos no son tan poderosos como te imaginas.

Durante el proceso de comunicación con la gente, si experimentas el miedo a ser juzgado por los demás, encuentra pronto algo en lo que centrarte. La mayoría de las veces, el miedo a ser juzgado no es tan evidente para la otra persona como pensamos. Concéntrate en algunas experiencias sensoriales relacionadas con el evento para desplazar la atención de lo que la otra persona está pensando de ti o de cómo te está juzgando. ¿Cómo se ve, huele y siente tu entorno? ¿Qué tipo de sonidos escuchas? ¿Hay música de fondo? ¿Cómo sabe la comida que se sirve? Esto es especialmente cierto en situaciones sociales donde siempre estamos ansiosos por ser juzgados mal por la gente que conocemos por primera vez.

Esto ayudará a desviar su atención de los síntomas del miedo a pasar un buen rato interactuando de manera amistosa y significativa con la otra persona. Asumamos que eres un evento de redes corporativas. Aquí, todos están nerviosos por dar una primera impresión favorable. Del mismo modo, durante una entrevista de reclutamiento, todos los candidatos potenciales están nerviosos por dar una primera impresión favorable y eventualmente ser contratados por la organización.

Entienda que independientemente de la situación en la que se encuentre, casi todo el mundo navega en un solo barco. Esto hace que sea más fácil para ti lidiar con tu miedo a ser juzgado en ciertas situaciones.

Identifica tus fortalezas y debilidades

Cuando conoces tus fortalezas inherentes o tienes confianza en lo que eres genial, es menos probable que te molestes por lo que los demás piensen de ti. La tendencia a ser afectados por los juicios de otras personas es mucho menor cuando estamos seguros y conscientes de nuestras propias capacidades. Esté seguro de sus fortalezas y conozca sus defectos mejor que los demás. Si alguien se forma una opinión o juicio sobre ti, está formando ese juicio basado en sus filtros, lo que puede no tener mucho que ver con tus propias capacidades.

Cuando eres consciente de tus habilidades o fortalezas, los juicios de los demás tendrán menos impacto en ti durante el proceso de comunicación. Cuando hable con la gente, sea consciente de sus propias fortalezas, características de personalidad y vulnerabilidades. De esta manera, la impresión que los demás se formen de ti no tendrá mucha relevancia para ti. Seguirás diciendo lo que tienes que decir para mantenerte fiel a tu propia naturaleza. No permitas que los demás maten tu individualidad, personalidad y carácter basándose en sus juicios sobre ti.

Cuando no crees o defiendes algo, tenderás a creerlo todo. Del mismo modo, cuando no tienes una clara comprensión de tu propia personalidad, fortalezas y atributos, creerás cualquier cosa que los demás piensen de ti. La falta de confianza o de conciencia de sí mismo es el mayor catalizador para que te afecten los juicios de los demás. Haz un balance de tus propias fortalezas y debilidades mientras te comunicas con la gente para evitar ir con lo que quieren que creas de ti mismo. Asume la responsabilidad de cómo te ves a ti mismo si quieres que los demás te vean de forma positiva.

Todo es temporal

Rara vez temerás los juicios si te das cuenta de que nada de estos juicios o de lo que la gente piensa es permanente. Lo que pasa con el cerebro humano es que tiene la capacidad de procesar datos limitados. Aunque hacemos innumerables juicios, no tienen un lugar en el banco de memoria para siempre. Por mucho que creas lo contrario, la gente no va a recordar ese momento incómodo tuyo para siempre o cada vez que te conozcan. Hay una cantidad limitada de información que uno puede prácticamente retener en los reinos del cerebro y la memoria consciente.

Cuando las personas hacen ciertos juicios o impresiones sobre, hay grandes posibilidades de que unos días o incluso momentos después ese juicio pueda haber dejado su conciencia consciente. Nuestra comprensión de la gente no se basa en los pequeños contratiempos, torpezas o errores en lo que dicen o hacen. Por todo lo que sabes, un momento en el que pensaste que eras realmente incómodo y la gente lo recordará durante toda su vida, puede que se olviden de ello antes de despedirse de ti después del primer encuentro.

Aunque una impresión general sobre las personas se forma rápidamente cuando las conocemos (¿recuerdas la regla de los primeros cuatro segundos?), nuestra comprensión de los demás no se basa en sus pequeños patrones de comportamiento o en sus palabras. Es más dependiente de un patrón del esquema de las grandes cosas que los demás dicen y hacen. Hay un patrón en la forma en que interactúan con nosotros y nos hacen sentir durante un período de tiempo. Así es como nos formamos una impresión o juicio sobre ellos. Si el patrón general de sus palabras, acciones y comportamiento con otras personas es positivo y favorable, no se formarán juicios negativos sobre usted basados en un momento perdido, una palabra equivocada usada aquí y allá o una acción incómoda.

El cerebro humano considera una perspectiva más amplia en un esquema más amplio de las cosas. Por lo tanto, los juicios, opiniones y perspectivas cambian a lo largo de un período de tiempo. No es ahora y nunca, por muy aterrador que parezca. Puede que no tenga una segunda oportunidad de dar una primera impresión, pero durante el curso de su interacción con la persona, sí tiene la oportunidad de establecer un patrón.

No estás siendo juzgado todo el tiempo

Ten en cuenta que este miedo inminente de ser juzgado por la gente cada vez existe en tu mente y no es real. Este es un tipo de pensamiento más extremo y poco realista que nos lleva a creer que estamos siendo juzgados todo el tiempo. Una perspectiva más equilibrada y real es... ¡a nadie le importa un comino! Honestamente, la gente está más preocupada (especialmente si te conocen por primera vez) por cómo los perciben los demás que por formarse una opinión sobre los demás. Créelo; la gente está tan nerviosa como tú al interactuar contigo por primera vez. La mayoría de nuestra fobia social o ansiedad se origina en la noción de que estamos siendo juzgados todo el tiempo. Eso está lejos de la realidad o del pensamiento racional;

La gente tiene más en su plato que juzgarte. Este miedo de ser mantenido bajo el microscopio por cada palabra y acción le impedirá comunicarse con los demás de una manera significativa y gratificante.

Ten en cuenta que los demás no siempre te hacen el centro de su atención durante el proceso de comunicación. La mayoría de las veces están pensando en qué decir o hacer a continuación en lugar de formarse una opinión sobre ti. Incluso cuando la gente piensa en ello, rara vez piensan en ti de la manera en que tú piensas en ti mismo. Intenta analizar los pensamientos de la gente mientras te comunicas con ellos. ¿Qué están implicando a través de sus patrones de comunicación verbal y no verbal? Rara vez te perciben de la misma manera negativa que tú te percibes a ti mismo. Aprovecha los múltiples contextos sociales para cambiar tus pensamientos negativos o autodestructivos. Detenga el ciclo de pensamiento negativo en su camino realizando una acción física (pensar mordiéndose la lengua o pellizcándose) para salir del proceso de pensamiento.

Una vez que te des cuenta de que tu pensamiento negativo está impidiendo el proceso de comunicación, vuelve a comunicarte de forma natural y desinhibida con la gente. Adopta un proceso de comunicación más neutral si encuentras difícil hacerlo abiertamente positivo.

Practica el desafío de tus pensamientos pensando en las pruebas que son contrarias a lo que crees. ¿Hay pruebas sólidas de que haces un completo ridículo cada vez que hablas o interactúas con la gente? ¿Existen pruebas evidentes que indiquen que a la gente no le gusta hablar con usted o que se desinteresa por usted cada vez? Sigue pensando en las pruebas en sentido contrario cuando te encuentres empantanado por pensamientos negativos.

Tenga en cuenta que, hasta cierto punto, todo el mundo está ansioso mientras se comunica, especialmente si se encuentra con usted por primera vez. En algún nivel, todas las personas luchan con algún miedo o ansiedad de ser juzgadas. Comprender esto puede ayudarte a darte cuenta de que nadie te está juzgando, ridiculizando o criticando todo el tiempo. De hecho, están lidiando con sus propios miedos, incertidumbres e inseguridades, lejos de estar obsesionados con juzgar, agarrarte o criticarte al nivel que imaginas.

¡Vencer el miedo a ser juzgado mientras se comunica requiere esfuerzo y práctica y no puede ser superado en un solo día! Desarrollar nuevos pensamientos, patrones de comportamiento, ideas, habilidades sociales y más.

La preparación es la clave

Cuanto más preparado estés mientras te comunicas con la gente, menor será tu tendencia a experimentar nerviosismo sobre lo que otras personas piensan de ti. Vimos en el capítulo anterior de la charla sobre cómo puedes estar al día con las últimas historias del día o saber más sobre una persona antes de conocerla. Del mismo modo, si tienes una presentación o una discusión, estudia todos los hechos con antelación para apoyar tus explicaciones y argumentos. Cuanto más preparado estés mientras te comunicas con la gente, menor será tu miedo a ser juzgado negativamente por ellos.

Tenemos más confianza, seguridad en nosotros mismos y control de nuestras palabras y acciones cuando sabemos lo que estamos haciendo. Cuanto más nos preparamos, más confiados estamos al acercarnos y conversar con la gente. Tenga todos los hechos, cifras y números a mano. Tenga un interés genuino en entender los deseos, preferencias, gustos, intereses y demás de la gente. Escúchelos cuidadosamente para entender lo que la otra persona está tratando de transmitir a través de la comunicación tanto verbal como no verbal.

La práctica y la preparación reducen el miedo a ser juzgado. Una de las mejores maneras de conquistar tu miedo a ser juzgado durante el proceso de comunicación es observar cómo apareces y te sientes mientras te comunicas. ¿Cuáles son sus expresiones, gestos, movimientos, postura, etc. típicos mientras habla con la gente? ¿Cómo aparecen al interactuar con otras personas en situaciones variadas? Póngase de pie frente a un espejo y finja hablar con la gente, dirigirse a un público o hacer una presentación. ¿Cómo te ves y te sientes? ¿Te sientes más seguro cuando te das cuenta de que no apareces tan mal como crees? ¿El hecho de mirarse al espejo aumenta su confianza y su sentido de autoestima?

Si va a una entrevista, practique responder con calma, aplomo y confianza. Si te acercas a la gente en un evento de negocios, practica hablar de una manera más accesible, abierta, acogedora y amigable. Siga preparando y practicando múltiples escenarios de comunicación ante el espejo hasta que ya no experimente el miedo a ser juzgado. Incluso en el caso de que la gente salga con pistolas y dagas detrás de usted, puede que no tarde mucho en enfrentarse a ellos de una forma más sólida, segura y bien preparada. Tener confianza también te da la fuerza para conquistar el miedo a ser juzgado.

Considere detenidamente sus propios juicios

Rara vez hay una forma más efectiva de dejar de molestarse por los juicios de otras personas que dejar de juzgarse a sí mismo y a otras personas. A veces, nuestros miedos son imaginarios. Las personas que sufren de ansiedad social casi siempre creen que todo el mundo los está juzgando. Este miedo está lejos de ser realista o equilibrado. Vigila tus propios pensamientos, ideas, lenguaje y percepción sobre ti mismo. ¿Qué palabras utiliza para describirse a sí mismo? ¿Cómo ves tus propias palabras, acciones y comportamiento? ¿Ves tus propias acciones o patrones de comportamiento de forma positiva o negativa?

Obviamente, a veces los juicios son inevitables. Si una persona ha sido terriblemente grosera o mala con usted, no va a pensar que son ángeles encarnados. Sin embargo, observa las palabras usadas en tu cabeza para ciertas personas, patrones de comportamiento y eventos. Vuelve a centrarte en tus propios juicios. En lugar de decir "*alguien apesta*" o "*alguien es un perdedor total*", pregúntate sobre el efecto que esa persona tiene sobre ti, que tal vez quieras evitar o del que quieras ser consciente en el futuro.

Por ejemplo, "*Nunca ha cumplido sus compromisos conmigo*" o "Me *dice que hace lo mejor que puede, pero termina decepcionándome*". No etiquete a la gente; en cambio, identifique lo que hacen para tener un cierto impacto sobre usted. Resista el impulso de clasificar a las personas como de buen o mal carácter. En vez de eso, comuníquese de una manera que sea saludable para usted. Si un cierto patrón de conducta de parte de alguien tiene un efecto no saludable sobre usted, aprenda a identificar su impacto y a lidiar con él en lugar de etiquetar a las personas.

Observa las palabras más comunes que usas para ti mismo. Si constantemente te refieres a ti mismo como "*perdedor*" o "*fracaso*", eres tan culpable de juzgarte a ti mismo como a los demás. La mayor barrera para el proceso de comunicación es nuestra tendencia a juzgarnos a nosotros mismos.

Esa pequeña y molesta voz en nuestra cabeza necesita ser silenciada más que nadie. La gente tendrá innumerables opiniones, nociones e ideas sobre ti. Tienen derecho a sus pensamientos, y no hay mucho que puedas hacer al respecto. Este es un paso importante cuando se trata de superar el miedo a ser juzgado por la gente. Si estás siempre empantanado por lo que otros están pensando de ti durante el proceso de comunicación, haz un balance de tu propia confianza, autoestima y sentido de autovaloración.

Identifica cómo se dirige tu crítica interior, y cualquier pensamiento negativo que encienda dentro de ti que te impida relacionarte con otras personas. Si tu crítico interno te dice constantemente que eres un tonto cuando se trata de confiar en la gente debido a unas pocas malas experiencias, no serás capaz de confiar en la gente mientras conversas con ellos. Tus creencias y comentarios negativos sobre ti mismo sentarán las bases de tu comunicación con otras personas, así que ten cuidado con lo que te dices a ti mismo.

Saber cuánto contribuyes al temor de ser juzgado durante el proceso de comunicación. ¿Qué papel juega el filtro de tus propios pensamientos negativos cuando se trata de tu miedo a ser juzgado? Toma el control de tus acciones, pensamientos y creencias para empezar a hacer pequeños cambios en tu perspectiva o proceso de pensamiento. Mantente positivo y optimista en lugar de preocuparte por lo que los demás piensen de ti.

Capítulo 3:

Los secretos de la charla y la conversación que nadie le dirá...

Ahora que hemos abordado la timidez/ansiedad y el miedo siempre en aumento de ser juzgados en situaciones sociales, pasemos a otro secreto de comunicación y compenetración eficaz: hablar poco y romper el hielo con extraños en situaciones sociales. ¿Por qué es tan vital la charla trivial cuando se trata de dominar las habilidades sociales?

La charla puede, de hecho, crear una gran magia cuando se trata de impresionar a la gente y construir relaciones duraderas. Hay algo en la gente que ha dominado la charla trivial. Son encantadores, irresistibles y poseen el don de arrastrar a la gente al instante. Este magnetismo y carisma les ayuda a escalar vertiginosas alturas de popularidad. ¿Alguna vez has notado cómo algunas personas casi siempre se las arreglan para atraer a la gente en cada fiesta o evento? Estos son los habladores simplistas que hacen que la gente se sienta cómoda y absorta en una conversación.

Todos conocemos a alguien que lo mata cuando se trata de conectar con otros o de construir una relación favorable. La persona sabe exactamente qué decir y cómo decirlo para crear el efecto deseado. ¿Cómo se las arreglan para captar la atención de la gente cada vez? Hablar poco o hacer conversación no es un rasgo innato. Es algo que la persona ha dominado durante un período de tiempo, ¡y tú también puedes! Hacen que parezca sin esfuerzo y sin problemas. Parece que estos expertos conversadores nunca pueden decir nada malo.

¿Cuál es el secreto para ser un increíble imán de gente que los expertos en charlas pequeñas han dominado y otros no saben? Confía en mí; no hay ninguna varita mágica o genio involucrado. Hay muchas posibilidades de que estas personas hayan estudiado cuidadosamente y conquistado el arte de construir una relación con los demás a través del poder de la charla. La charla puede ser enorme cuando se trata de construir una relación favorable con la gente y conectar a un nivel más profundo o más subconsciente.

Un estudio ha revelado que cuando nos encontramos con alguien por primera vez, a la persona le toma sólo 4 segundos para construir una impresión sobre nosotros, que en gran medida se mantiene igual a lo largo de nuestras futuras interacciones con ellos. Piénsalo; tienes sólo 4 segundos para causar una impresión positiva en la gente. ¿Suena aterrador? La idea es dar a la gente un sentido de pertenencia y afiliación, para que se sientan cómodos en su compañía y para que la primera interacción sea memorable.

Estudios en la Universidad de Michigan han demostrado que la charla y las interacciones reflexivas aumentan nuestros mecanismos de resolución de problemas. La comunicación constructiva y significativa comprende el control de los pensamientos de otras personas y tratar de ver las cosas desde su perspectiva. Esto es vital cuando se trata de considerar un problema desde diferentes ángulos y llegar a una solución. Ayuda a la gente a desarrollar un pensamiento estratégico, habilidades de resolución de problemas y pensamiento lateral.

¿Pensaste en por qué algunas personas casi siempre tienen éxito cuando se trata de hacer amigos, tomar bebidas de cortesía en el bar, entablar conversaciones inolvidables y, en general, arrastrar a los demás? La respuesta es simple, la charla es pequeña. Es realmente crítico cuando se trata de dar una primera impresión favorable y hacer que se interesen en interactuar con usted más a menudo.

Sí, la charla pequeña parece una tarea gigantesca para algunas personas. Se ponen a sudar cuando se trata de acercarse a extraños o iniciar una conversación con gente desconocida. El romper el hielo les pone nerviosos, y creen que harán el ridículo. El hecho es que no tienen mucho tiempo para crear una primera impresión, y cualquier cosa que digan o hagan puede romper o hacer esa crucial interacción inicial. La charla es de hecho la base de toda asociación personal, social y profesional satisfactoria y gratificante. Formamos relaciones mutuamente gratificantes y beneficiosas sobre la base de una primera impresión favorable o la conexión que establece la charla.

El objetivo de la charla es mostrar a la otra persona lo interesante, bien informado y creíble que eres como individuo. También está relacionado con la creación de una relación, creando una base común para sentir una sensación de unidad o pertenencia con la otra persona y para apoyar futuras interacciones.

Mediante la charla, puede determinar con éxito si las personas son realmente dignas de asociarse con usted en el futuro para construir asociaciones sociales, profesionales y personales más significativas, gratificantes y beneficiosas. A veces, la charla causal puede llevar a relaciones duraderas con personas similares a usted o en una situación similar a la suya.

Deslumbrar a la gente creando una primera impresión positiva usando estas reglas de charla increíblemente útiles.

Espejo

Si hay un consejo poderoso que ha existido desde los tiempos primordiales para construir una relación y sentir una sensación de unidad con una persona, es el espejismo. Es la clave que nos ayuda a establecer una relación positiva con otras personas a nivel subconsciente. El espejamiento ha existido a lo largo de la evolución y sigue siendo una de las mejores maneras de hacer que la gente te quiera o sienta que eres "uno entre ellos". El cerebro humano está conectado para identificar a las personas que son similares a ellos. Invariablemente nos sentimos atraídos por personas que parecen ser similares a nosotros. Hay una conexión instantánea con personas que son similares a nosotros o como nosotros en un nivel altamente subconsciente.

La mejor manera de hacer sentir a una persona que eres similar a un nivel más profundo, subconsciente, sin que se den cuenta, es simplemente reflejar sus acciones, palabras, gestos y demás. Si estás en la misión de construir una impresión favorable en alguien que acabas de conocer, refleja sus acciones, gestos, movimientos, voz, elección de palabras y postura. Observa cuidadosamente sus señales no verbales y verbales, y refleja sus sentimientos de pertenencia, simpatía y familiaridad.

Un consejo de experto es mantener sus acciones de espejo sutiles y discretas para evitar dar a la otra persona la impresión de que las está imitando. Utiliza esta técnica para hacer creer a la gente que eres sólo "uno entre ellos" o que te gustan. Esto no sólo aumenta su factor de simpatía, sino que también ayuda a construir una relación favorable con cualquiera.

Todo lo que tienes que hacer es identificar inteligentemente la mayoría de las palabras o frases usadas por la persona y dejarlas caer sutilmente mientras le hablas. Por ejemplo, si encuentras a alguien que llama a sus negocios "*imperio*", usa la misma palabra cuando te refieras a sus negocios. ¿Qué sucede cuando haces esto? En un nivel altamente subconsciente, esto aumenta las posibilidades de conseguir que la persona no sólo le guste a usted o sienta una sensación de unidad con usted, sino que también se relacione con usted en un plano más profundo, lo que conduce a una brillante primera impresión.

Tengan en cuenta que el espejado debe parecer natural, sutil y sin esfuerzo. No debe parecer forzado o como si hubieras comido tratando de hacer un gran esfuerzo para entrar en los buenos libros de alguien. Evita parecer nervioso al identificar y simular cada acción o gesto de la persona. Esto derrotará todo el propósito de esta estrategia. Esto no sólo aumenta tu atractivo, sino que también facilita el proceso de ayudar a la gente a vincularse contigo más eficientemente. La gente responderá y se relacionará con usted más favorablemente cuando se presente como una persona con la que se puedan identificar.

Evite hablar de temas desconocidos, desconocidos o complejos

Puede ser impresionante tener una discusión sobre la ciencia espacial con un investigador o científico espacial. Sin embargo, siempre es seguro ir con temas con los que te sientas cómodo o familiarizado.

Esto te da la tan necesaria confianza cuando se trata de dar una primera impresión favorable a la gente. ¿Por qué hablar de temas conocidos? Ya te estás quedando sin confianza y un poco inhibido por la perspectiva de conocer gente nueva o no decir las cosas correctas. Si empiezas a aventurarte en un terreno desconocido, disminuirá aún más tu confianza. La persona con la que interactúas tendrá una cierta ventaja sobre ti, lo que reducirá tu nivel de confianza, a la vez que hará evidente tu ignorancia. Esto puede llevar a una primera impresión poco halagadora. Rara vez te recuperarás de decir algo tonto o de sonar completamente estúpido, impactando así toda la conversación. Es bueno hablar de temas variados, pero evita elegir temas que te hagan parecer despistado y mal informado. Lanzar detalles a medias para impresionar a la gente te hace parecer pretencioso y falso. Un experto puede fácilmente llamar a tu farol si no sabes lo que estás diciendo.

Cuando alguien habla de un tema del que no sabes nada, evita fanfarronear para llamar la atención. Más bien, emplee un humor auto despreciativo para admitir genuinamente algo como, "*Todo lo que sé sobre el espacio es el que existe entre mi dormitorio y el refrigerador*" si no sabe nada sobre la investigación o la ciencia del espacio mientras habla con alguien que está profundamente interesado en estos temas o con un profesional. ¿No es mejor ser apreciado por su humor que ser el blanco de todas las bromas por su falta de conocimiento o ignorancia? Parecerás más genuino, realista, natural y seguro cuando puedas reírte de tus propios defectos. Aprende a convertir las debilidades en fortalezas. La falta de conocimiento puede ser utilizada inteligentemente para hacerte parecer más genuino, honesto, menos mecánico, más simpático y entretenido.

No sea tímido a la hora de ayudar a la gente a disfrutar de una buena risa a su costa; no sólo parecerá más honesto y menos falso, sino que también descartará la oportunidad de que otras personas se rían de usted o indaguen en sus defectos. Aumentará su confianza en varios niveles. La gente está más sorprendida por las personas ingeniosas y seguras de sí mismas que poseen la confianza para admitir sus debilidades que las personas falsas que intentan demostrar su tontería compartiendo información a medias.

Usar preguntas abiertas

Hemos discutido esto antes en el capítulo de escucha activa. Funciona como un encanto cuando se trata de hacer una pequeña charla y conocer gente. Lograr que alguien se abra sobre sí mismo es todo un arte, y el secreto es hacer más preguntas abiertas. Esto no sólo permitirá a la otra persona abrirse sobre sí misma, sino que también le ayudará a identificar un terreno común para disfrutar de una conversación memorable. Evita que sea una comunicación unidireccional. De hecho, comienza ofreciendo alguna información interesante sobre ti mismo y luego pregúntale a la otra persona. No juegues al FBI haciendo muchas preguntas abiertas sin compartir información sobre ti mismo.

Intenta mantener un equilibrio entre compartir algo propio y hacer que la otra persona hable sutilmente, haciendo preguntas abiertas para conocerla. Será una conversación equilibrada más interesante y parecerá menos intrusiva o interrogativa. Por ejemplo, digamos que alguien está entusiasmado con la próxima temporada de juegos en la ciudad. Puede iniciar la conversación para hablar de ello. Puedes preguntarle a la persona por qué apoya a un equipo específico o qué le hace querer unirse a un equipo en particular.

Aquí hay algunos ejemplos. Persona 1 - ¿Ha oído hablar de los próximos juegos de la temporada en la ciudad de Xyz? Persona 2 - Oh sí, todo el mundo está entusiasmado. Estoy animando al equipo ABC, ¿y tú? Persona 1 - Oh, estoy apoyando al equipo IJK Persona 2 - ¿Qué te hace apoyar a IJK? Persona 1 - Ellos tienen una fuerte defensa, y también soy un gran fan del jugador G. Persona 2 - Oh sí, eso es correcto. ¿Has jugado alguna vez el juego? Persona 1 - Oh sí, solía jugar para el equipo universitario y el equipo local de la ciudad durante muchos años antes de dejarlo debido a una lesión en la espalda. Persona 2 - Esto es impresionante, ¿puede compartir sus estrategias ganadoras, por favor?

Así que aquí alguien ha comenzado la conversación, y como Persona 2, simplemente estás construyendo sobre ella. Entiendes el sentido, ¿verdad? El objetivo es crear una conversación dando algunos detalles sobre ti mismo y haciendo preguntas a la gente para asegurar una conversación o intercambio de información más libre y fluida.

Los conversadores efectivos son expertos en reconocer los intereses de los demás, los impulsores clave, los botones calientes emocionales y las pasiones. Saben exactamente lo que impulsa a la gente, y cómo dirigir la conversación en la dirección correcta. Estos comunicadores localizan los botones emocionales de la gente y hacen que la conversación se convierta en una etiqueta adhesiva al hablar de cosas que a la otra persona le interesan o con las que se puede relacionar. Si escuchas a los conversadores experimentados, comprenderás que son personas inteligentes que son expertas en identificar los intereses de la otra persona desde el principio de la interacción. No sólo eso, también se basarán en ello hasta que la otra persona esté apasionadamente comprometida e involucrada en la conversación.

Digamos, por ejemplo, que te das cuenta de que una persona es un ávido viajero y aficionado a la aventura. Esta valiosa información puede ser aprovechada de varias maneras para construir una relación. Puede comenzar hablando de sus propias actividades de viaje y deportes de aventura mientras les insta a compartir sus viajes y recuerdos de aventura más memorables. Pueden hablar de sus experiencias con diferentes culturas y regiones. Pregúnteles sobre sus vacaciones más memorables. O una divertida historia de viaje. Esta es una forma de hacer espacio para una conversación interesante que mantenga a la gente cautivada y enganchada.

Manténgase al día con las noticias del día antes de ir a una reunión o a un evento para establecer una red de contactos.

Este es uno de los mejores consejos cuando se trata de conquistar la charla como un jefe. Antes de asistir a una reunión importante, un evento de networking o una fiesta, manténgase al tanto de las últimas noticias, eventos y acontecimientos del día. Ayuda a mantenerse bien informado y al día con lo que sucede a su alrededor mientras se habla de cosas pequeñas. Esto te hace parecer una persona inteligente, interesante y articulada. Justo antes de que te dirijas al respiradero, dedica unos minutos a hojear las noticias importantes del día. Utiliza esto para crear un *"banco de inicio de conversación"*. Tiene todo lo necesario para iniciar una conversación interesante en lugar de perder las palabras o no saber por dónde empezar. Puedes simplemente empezar con cualquiera de los temas listos y abrir la puerta para una conversación interesante, significativa y memorable.

Asegúrate de no ir tras temas controvertidos relacionados con la política, los conflictos internacionales y los asuntos mundiales discutibles. En su lugar, opte por temas relativamente seguros, como un avance en la investigación médica o tecnológica, nuevas tendencias científicas, etc., en los que hay poco margen para la diferencia de opinión. No quieres empezar la Tercera Guerra Mundial en un salón de baile, ¿verdad? Cuando se tiene un banco de conversación listo, se asegura que no haya incómodos minutos de silencio o rellenos inútiles. ¡Esto te ayuda a mantener a otras personas completamente enganchadas a la conversación!

Mantener un equilibrio entre hacer preguntas y hacer declaraciones

Una pequeña charla debería ser un buen equilibrio de declaraciones y preguntas. Si haces demasiadas preguntas, puedes parecer intrusivo y tanteador. Del mismo modo, si usted sigue y sigue haciendo demasiadas declaraciones, ¡la otra persona no tendrá la oportunidad de hablar!

Mantener la interacción más equilibrada, relevante y significativa mezclando declaraciones y preguntas. Empiece por hacer alguna declaración e incluya una pregunta en el final. Por ejemplo, "Disfruté genuinamente de la *serie de televisión de la ABC, aunque mucha gente pensó que era demasiado exagerada. ¿Cuál es su opinión al respecto?* "Estás ofreciendo tu opinión, mientras que también das a la otra persona la oportunidad de expresar su opinión.

Ir con los sujetos universales, no controvertidos y neutrales

Cuando hable con alguien por primera vez o inicialice algunas veces, como regla general, vaya con temas más neuronales, siempre verdes y universales. No elijas temas sensibles desde el punto de vista cultural, religioso y político en los que la gente pueda tener diversos puntos de vista. Esto es aún más cierto cuando se habla con personas de diversas nacionalidades, culturas, razas, etc. ¿Cuáles son algunos de los temas más seguros y de siempre? Medio ambiente, películas, ciudad local, salud e investigación médica, tecnología, clima, libros, ciencia, etc. Evita hablar de guerra, ideologías políticas, diferencias religiosas, terrorismo y conflictos globales.

Intenta encontrar un punto en común y atenerte a él a lo largo de la conversación. Por ejemplo, si se da cuenta de que la persona con la que está interactuando es un ávido comensal, siga temas como los nuevos restaurantes de la ciudad, las comidas regionales populares de la ciudad, las exquisiteces internacionales y otros temas similares relacionados con la alimentación. Por otra parte, si te das cuenta de que alguien es un gran fanático de los deportes, habla de los juegos de fin de semana, los mejores lugares para que los aficionados a los juegos vayan dentro y fuera de la ciudad y las estrategias de juego ganadoras. Estoy dispuesto a apostar mi último centavo a que la gente se encargará de mantener una conversación entusiasta, animada y atractiva.

Muchos vendedores de vehículos de lujo están realmente capacitados para identificar el interés de sus clientes potenciales, de modo que puedan basarse en él para establecer una relación favorable. Por ejemplo, si se encuentran con equipos de gimnasio o de gimnasia en el vehículo, los vendedores comenzarán a hablar de sus sesiones de entrenamiento cardiovascular o de su rutina de entrenamiento con pesas. Ofrecerán consejos para desarrollar los músculos o hablarán de una alimentación saludable. El objetivo de esta estrategia es aumentar la simpatía del vendedor, crear una relación positiva, dejar una primera impresión estelar en el cliente potencial, lo que aumenta sus posibilidades de vender a un cliente potencial.

Desacordar de una manera sana y respetuosa

Al hacer una pequeña charla, puede que no estés de acuerdo con todo lo que dice la otra persona. Sin embargo, aprenda a discrepar de una manera sana, equilibrada y respetuosa sin ponerse ofensivo, agresivo y polémico. Esto perjudicará sus posibilidades de crear una impresión positiva en la otra persona. Utilice un enfoque más diplomático y genuino como, *"Esta es una forma novedosa, diferente e interesante de verlo o de considerar las cosas". Nunca lo había pensado de esta manera. ¿Puede explicarlo mejor?* "Ahora, este enfoque mantendrá las cosas agradables mientras sigue mostrando desacuerdo. Una situación potencialmente volátil puede convertirse rápidamente en una discusión constructiva y saludable. Aprende a detectar conversaciones potencialmente negativas y rápidamente conviértelas en interacciones placenteras usando un enfoque más equilibrado, en el que puedas exponer tu punto de vista sin ofender a la otra persona. Ser asertivo sin parecer agresivo en sus interacciones es la clave para ser un comunicador ultra-efectivo. La agresión es, *"Yo siempre tengo razón y tú siempre te equivocas"*, mientras que el asertividad es, *"Tengo el derecho de ser mi punto de vista y tú también". Acordemos estar en desacuerdo sin cambiar nuestro punto de vista"*.

Pedir sugerencias, recomendaciones y consejos

Este es mi favorito absoluto cuando se trata de hacer el juego de "la pequeña charla crea grandes maravillas". Una de las mejores maneras de ayudar a la gente a sentir un sentido de pertenencia, similitud y afiliación con usted es mostrarles que se sienten importantes (hemos discutido esto brevemente arriba). Oscar Wilde dijo famosamente, "Admiramos *la sabiduría de la gente que viene a pedirnos consejo*". La gente automáticamente creerá que eres impresionante, inteligente y tienes gran discreción si te acercas a ellos por sugerencias, guía, consejo y asistencia. ¿No admiras la sabiduría y el buen sentido de la gente que acude a ti en busca de consejo, opinión o sugerencias? Utilice esta tendencia humana inherente para establecer una relación favorable y facilitar el proceso de comunicación. Cuando te acercas a una persona para pedirle consejo o sugerencias, no sólo se sentirá maravillosa consigo misma, sino que también verá que eres alguien que posee un gran gusto.

A la gente normalmente le gusta hablar de sí misma a menos que tenga una persona más reticente o reservada. Se sienten más cómodos al hablar de sus experiencias, experiencia, pasiones y conocimientos. Los tendrás cargados y animados si les pides sugerencias relacionadas con su área de pasión o experiencia. Las investigaciones han demostrado que hablar de nosotros mismos nos ayuda a sentirnos bien y estimula las mismas hormonas que se activan cuando hacemos el amor o comemos comida deliciosa. Ahora que conoces el secreto para penetrar en la conciencia de una persona dejando una impresión positiva, úsalo a fondo. Sigue aprendiendo cosas nuevas o adquiriendo conocimientos interesantes de otras personas. No tendrán otra opción que encontrarte un comunicador irresistible. Cuando estés atascado en temas de los que hablar, simplemente pide a la gente sugerencias y opiniones.

Recuerda siempre los nombres de las personas

¿Has leído la biblia de comunicación y relaciones sociales de Dale Carnegie *"Cómo ganar amigos e influir en la gente"*? Una de las mejores estrategias mencionadas en el libro cuando se trata de dejar una impresión favorable en la gente es recordar su nombre y usarlo muchas veces durante la interacción. En muchas situaciones sociales, cuando nos presentan a las personas, hay introducciones rápidas, donde se comparten muchos nombres y se recuerdan rostros desconocidos. Puede ser un desafío recordar los nombres de todos. Cuando se intercambian tantos detalles, es posible que no se recuerden estos nombres más tarde. Utiliza esto como una ventaja y recoge tantos nombres como puedas escuchando atentamente a las personas cuando comparten sus nombres. Cuando tomes los nombres de las personas en la interacción, estarán muy impresionados de que lo recuerdes.

Acostúmbrese a memorizar los nombres de todos. Una técnica es repetirlo después de ser presentado a la persona. Por ejemplo, "*Hola, soy Joe*". "Hola *Joe, ¿dónde trabajas?* " o "*Hey Joe, encantado de conectarme contigo aquí*" o "*Hey Joe, ¿también eres amigo de Sam?* " Sigue repitiendo su nombre naturalmente hasta que lo comprometas con tu memoria a largo plazo. Sin embargo, no suene estúpido repitiendo una y otra vez como un disco rayado. Tomar nombres debe parecer sutil y natural.

¿No nos sentimos todos especiales, maravillosos y valorados cuando alguien se dirige a ti con tu nombre? Añade un toque más íntimo y personal a la interacción. ¿No te ofrece una maravillosa sensación de importancia cuando te das cuenta de que alguien se las arregló para recordar tu nombre a pesar de ser presentado a varias personas? ¿No hace que la comunicación parezca más digna de conexión cuando alguien se dirige a usted por su nombre? Evite sentirse incómodo al dirigirse a las personas usando sus nombres, incluso si sólo se los han presentado a usted.

Usar el nombre de alguien te hace parecer más agradable, irresistible y simpático. Si no captas el nombre de alguien, está bien pedirle suavemente que lo repita en lugar de dirigirse a él usando un nombre incorrecto.

Haga que la discusión o la charla se centre en la otra persona

Los mejores conversadores entienden que la pequeña charla y la construcción de una impresión brillante en los demás se centra en la interacción en torno a ellos. Haz que los demás sean el epicentro de tus conversaciones en lugar de centrarte en ti mismo. Sin embargo, si tiene la sensación de que la otra persona no se siente cómoda con el foco de atención que le ilumina o parece socialmente incómoda, desvíe su atención de ellos hasta que empiecen a sentirse cómodos para abrirse.

Pocos disfrutan escuchando a gente que sólo habla de sí misma, y de sus logros, talentos, posiciones y demás. Por supuesto, estás impresionado, pero se vuelve aburrido después de un tiempo. Quiero decir, sólo se puede escuchar un poco sobre otras personas. No hay necesidad de explicar tu vida con detalles insoportables a los extraños, incluyendo lo que el perro de tu vecino comió en el desayuno. ¡Gran no-no! Concéntrate en los demás. Esto hace que parezcas menos egocéntrico, seguro de ti mismo y agradable.

Usa un "tú" mayor que un *"yo" en* la conversación. Esto ayudará a la gente a entender que te interesa saber más sobre eso en vez de hablar de ti mismo. Demuestra que estás genuinamente interesado en otras personas. Escúchalos atentamente y con atención observando las pistas verbales y no verbales. Esto te hace parecer irresistible.

Incluye historias personales, anécdotas, experiencias y metáforas

Los comunicadores carismáticos saben cómo hacer que los oyentes se pongan de pie compartiendo experiencias y anécdotas personales agradables, simpáticas e interesantes. Hacen que cada interacción o conversación sea memorable compartiendo historias de su vida o revelando a la otra persona cómo han estado en una situación similar. Esto hace que estas personas parezcan más simpáticas, agradables e identificables. Esta estrategia también ayuda a crear una base para construir relaciones más significativas.

Sir Paul McCartney utilizó esta estrategia brillantemente cuando se trataba de desarrollar una relación con la actuación antes de cada presentación en vivo. El músico iba ofreciendo una historia de fondo o inspiración detrás de una canción en particular o compartía una fascinante anécdota o incidente detrás de la escena mientras se creaba la canción. Esto añadía un mayor encanto a su actuación. Otro consejo maravilloso para ser un as de la conversación es utilizar preguntas retóricas generosamente en toda la interacción. ¿Te estás divirtiendo mucho? ¿Conoces este poderoso secreto relacionado con el ABC? Mantiene al oyente totalmente enganchado a lo que dices creando anticipación.

Un consejo poderoso seguido por los comunicadores efectivos es usar el contraste para comunicar sus ideas de una manera más persuasiva. Por ejemplo, afirmaciones como "*nos preocupa el valor que proporcionamos a nuestros clientes*" pueden ser transmitidas de una manera más convincente utilizando el elemento de contraste en el sentido de "*mientras que nuestros competidores y otras empresas se centran en los precios bajos, nosotros nos concentramos en ofrecer un mayor valor a nuestros clientes*". El contraste hace que lo que se intenta expresar parezca más poderoso, dejando así a la otra persona pensando.

Las metáforas son otro poderoso arsenal en la bolsa de un comunicador efectivo. Son elementos efectivos de conversación ya que estimulan el sentido de la imaginación del oyente, y forman imágenes más vívidas de lo que él/ella está tratando de transmitir. Como orador o comunicador, puedes agitar los sentimientos, imágenes y emociones perfectas en las personas mediante el empleo de metáforas. Mantenga algunas metáforas listas para temas comunes de conversación, situaciones e ideas.

Conéctese a Internet y encuentre metáforas para algunos de los temas más comunes y complicados. Como comunicador, puede hacer su punto más convincente cuando pueda ayudar a su oyente a comprender temas complejos utilizando metáforas simples y cotidianas.

Hacer un poco de trabajo de investigación de base

Conozco a alguien que es un increíble imán social y tiene gente comiendo de sus manos. Uno de los consejos más asombrosos que he aprendido observándolo es encontrar pequeños detalles interesantes sobre los antecedentes de alguien justo antes de conocerlo. Es como una pieza de información rápida de antecedentes, que no es realmente difícil en la era digital. Esta técnica no siempre es posible. Sin embargo, si conoces el nombre de la persona con la que te vas a reunir, ayuda hacer una investigación de los antecedentes.

Cuando sepas que vas a conocer a ABC o a un grupo por primera vez, haz algunas averiguaciones para reunir información. Esto te ayudará a construir una interacción más gratificante y significativa con la persona.

Por ejemplo, digamos que asistes a una reunión social, donde sabes que encontrarás mucha gente con inclinación musical. Sabes que la reunión hará que haya gente con un interés o pasión específica. Así, puedes profundizar en el conocimiento de varias formas musicales, los últimos éxitos de las listas de éxitos y más. Esto te ayudará a encontrarte con la fecha y, bien informado, agradable y emocionante sobre un tema que es de interés para mucha gente.

Reconocer las cosas que resuenan con las personas del grupo o de la reunión y utilizar esta valiosa información para disfrutar de conversaciones estimulantes con ellos. La gente que acabas de conocer se enganchará completamente a lo que estás diciendo porque les apasiona el tema. A veces, disfruta jugando a Sherlock Holmes y buscando pistas sobre lo que impulsa a una persona a través de sus huellas sociales. No seas un acosador virtual. Es sólo un inofensivo indagar para saber más sobre la persona, para saber qué hablar con ella cuando la conozcas. Revisa el perfil de la persona en las redes sociales para entender sus antecedentes, profesión, intereses y demás. Obtendrás una buena idea de la personalidad de la persona para conectarte con ella usando sus lugares favoritos, equipos, intereses, series de televisión, gustos, preferencias y más para mantener a la gente cautivada a lo largo de la conversación.

Conocer más sobre la gente antes de conocerla para tener una clara ventaja sobre los demás cuando se trata de construir una relación. Sin embargo, evita juzgar o tener ideas preconcebidas sobre la gente antes de conocerla. La idea es facilitar la comunicación, no obstaculizarla. Mantén la mente abierta mientras conoces más sobre las personas y te acercas a ellas.

Desarrollar habilidades de escucha superiores

La comunicación es un proceso bidireccional que implica hablar y escuchar. No se trata simplemente de revelar sus habilidades superiores de escucha, sino también de practicar la escucha activa conectando con lo que otras personas están diciendo.

Hablar es parte integral del proceso de comunicación. Sin embargo, si no escuchas con atención a las personas, encontrarás un desafío para conectar con ellas o adaptarte a su estilo de comunicación, necesidades de comunicación, emociones, personalidad e intenciones y así sucesivamente. Un conversador superestrella no es alguien que pueda hablar hasta que le duela la mandíbula. También se trata de saber de dónde vienen las personas y responder apropiadamente a lo que dicen. Hacer que los demás se sientan relajados, abiertos y cómodos en su presencia.

Cuando quiera barrer a la gente y dejar una impresión deslumbrante, ofrézcale completa atención cuando esté hablando. Su lenguaje corporal debe ser más sensible y abierto y menos rígido. Evite cruzar las piernas y los brazos e incline ligeramente la cabeza en dirección a la persona cuando se dirija a ella. Mantenga los pies firmemente apuntados hacia el interlocutor. Subconscientemente, le dice a la otra persona que usted se interesa por lo que está diciendo y no busca escapar de allí.

Da muchos reconocimientos tanto verbales como no verbales para demostrar que estás escuchando a la gente. Por ejemplo, asiente con la cabeza, di *"aha"* o *"sé cómo te sientes"*. Haga preguntas significativas o parafrasee lo que dijo la otra persona para mostrar su interés en lo que está diciendo. La gente necesita que le reconozcan que los estás escuchando si quieres que se abran.

Evita compartir detalles cada vez más personales o íntimos mientras conversas con los demás.

Esto debería ser un hecho, pero es sorprendente cuánta gente se las arregla para romper esta regla de comunicación de charla pequeña no dicha. Mientras que algunas personas se toman el tiempo de abrirse, otras se apresuran a contar las últimas décadas de su vida en 10 minutos. No hay necesidad de abrirse sobre todo en un intento de establecer una relación favorable con los extraños. ¿No te vuelve loco cuando la gente se lanza a un modo autobiográfico, compartiendo los detalles más íntimos de sus vidas con alguien que apenas conocen? ¡Ahórrese los detalles dolorosos de su infancia problemática o de su adolescencia rebelde!

Sin embargo, sé que los expertos en charlas y comunicaciones siempre sugieren compartir algunos detalles sobre uno mismo para romper el hielo y establecer una relación favorable con la otra persona. El camino intermedio es compartir suficientes chismes interesantes a lo que la otra persona apetezca o despierte su curiosidad, pero no desviarse en el territorio de los detalles íntimos.

Comparte información interesante sobre ti mismo sin parecer raro. Contener el impulso de compartir información íntima, personal o confidencial durante las charlas. Recuerda que la persona sigue siendo un extraño hasta que la conozcas bien. No todo el mundo tiene el mismo umbral cuando se trata de compartir datos personales. Algunas personas pueden no sentirse cómodas hablando de su vida personal o escuchando sobre la tuya.

Además, corre el riesgo de que esta información sea mal utilizada por la otra persona. Otro gran no-no es chismorrear o hablar mal de los demás (especialmente de los amigos comunes o de las personas conocidas tanto por ti como por la otra persona). Representa una imagen patética de ti como persona. Te verás como alguien en quien no se puede confiar para que guardes los secretos de los demás o como una persona que habla constantemente a espaldas de otras personas.

¿No hay pistas de conversación? Escanea tus alrededores

A veces, cuando no sabes qué decir o estás atascado en busca de pistas (tu mayor temor es que la conversación llegue a un callejón sin salida), la mejor estrategia es buscar pistas en tu entorno. Puede ser cualquier cosa, desde una melodía que suena en el fondo hasta el arte de pared o algo que alguien lleva puesto o incluso un folleto que está por ahí. Hay pistas en todas partes, que puedes recoger para iniciar una conversación estimulante. Todo lo que necesitas hacer es observar cuidadosamente tu entorno. Mantén un ojo a tu alrededor para iniciar una interesante y atractiva discusión. ¿Cómo sabes si una persona quiere hablar de un tema? De nuevo, observa cómo reaccionan a lo que acabas de decir, y luego determina tu próximo curso de acción. Por ejemplo, cuando hablas de la larga fila en la mesa del buffet, ¿cuál es la reacción de la otra persona? ¿Parece que quieren hablar más sobre ello, o simplemente sonríen y se encogen de hombros?

Una cosa que hay que tener en cuenta al utilizar esta pequeña técnica de charla y comunicación es elegir temas que sean positivos, apropiados para la ocasión o la persona y relevantes. Evite hablar de temas irrelevantes e inapropiados que rayen en el chismorreo o la negatividad. La otra persona terminará obteniendo una impresión poco halagadora de usted. Los temas para sentirse bien son los mejores cuando se trata de disfrutar de una conversación memorable y absorbente.

Si eres nuevo en una ciudad, puedes pedir a las locales sugerencias sobre lugares para visitar o cenar. La gente instantáneamente toma a los que les piden consejos y sugerencias porque les da un sentido de importancia. En cierto modo, los colocas en un pedestal y los haces sentir valorados. Terminarán pensando que eres inteligente (ya que se lo has pedido) y sentirán una conexión subconsciente instantánea contigo.

Abrirás una caja entera de temas solicitando sugerencias de la gente. Se iniciará una conversación interesante sobre una variedad de cosas, incluyendo la ciudad, la cultura, las artes, la música, la comida, las atracciones, los deportes, las comunidades y más. ¡Es como abrir un cofre de tesoros de golosinas de conversación! A poca gente le disgusta hablar sobre el lugar en el que crecieron o viven.

Cuando los conversadores experimentados no conocen a demasiada gente en una reunión social o de negocios, utilizarán constructores de conexiones como, "*¿Cómo conoces a los anfitriones, Michael y Angela?* "Esto nos da una plataforma para identificar un punto en común para iniciar una conversación significativa.

La regla de los 20 segundos

Si estás atrapado entre cuánto hablar y cuánto escuchar durante tus sesiones de conversación, sigue la regla de los 20 segundos del Dr. Mark Goulstan de un libro que ha escrito llamado "*Sólo escucha*". Mark ofrece una solución práctica y realista que puede ser comparada con el cumplimiento de las normas de tráfico. Así es como funciona - durante los primeros 20 segundos de hablar, usted está operando en una luz verde. El oyente te escuchará activamente sólo si haces declaraciones apropiadas, atractivas y relacionables. Tienes 20 segundos para despertar su interés y hacer que te escuchen.

Es muy raro poder mantener la atención de la gente más allá de los 20 segundos iniciales. Sólo unos pocos conversadores dotados son capaces de lograr esto. Muy pocas personas son capaces de mantener la atención de alguien mientras hablan durante más de 30 segundos sin parecer aburridos o parlanchines. La siguiente ventana de 20 segundos es cuando comienza la luz amarilla. Ahora has sobrepasado el límite. Después de 40 segundos, estás en la ventana de luz roja. Deténgase aquí mismo y no vaya más allá. Sé que no vas a seguir mirando tu reloj mientras conversas con la gente. Sin embargo, un vistazo rápido debería ayudarle a calcular la duración de su tiempo de conversación. El impulso de continuar puede ser abrumador. Sin embargo, si te acercas a los 40 segundos, termina rápidamente. Déle a la otra persona la oportunidad de hablar.

Una vez que le des a la otra persona tiempo suficiente para hablar, vuelve a hablar si la persona sigue interesada en escucharte. Intenta mantener tu tiempo de conversación y de escucha por igual. Esto crea un buen equilibrio cuando te comunicas con alguien. Tanto usted como la otra persona se sienten escuchados.

Iniciadores de conversación asesinos

Nunca tendrás escasez de conversaciones si dominas estos inteligentes y atractivos iniciadores de conversaciones. Conozco y empatizo con la gente que se queda atascada al acercarse a gente nueva porque no saben qué decir o cómo hacer la conversación más interesante. Cuando no tienes palabras, y la conversación se enfrenta a la perspectiva de llegar a un callejón sin salida, aquí hay algunas formas de revivirla.

1. ¿De dónde es usted originario? ¿Está lejos de donde vive actualmente? ¿Cómo es el clima en su ciudad natal? ¿Cómo es la vida en su ciudad natal en comparación con el lugar de residencia actual? Si se le diera la opción, ¿continuaría viviendo en su ciudad natal o en su actual lugar de residencia? Haga que la gente hable sobre su lugar de nacimiento para crear una sensación cálida y difusa y hacer la conversación más memorable.

La gente casi siempre asocia su lugar de nacimiento con sentimientos positivos, y el mismo factor de bienestar que experimenta durante la conversación puede ayudar a transferirle subconscientemente estos sentimientos. Esta asociación es exactamente lo que sucede cuando experimentamos ciertos sentimientos al escuchar algunas canciones. Hay muchas posibilidades de que hayamos escuchado la canción en un momento determinado de nuestra vida en el que estábamos experimentando ciertas emociones o experiencias, por lo que tocar la canción o la pieza musical evoca las mismas emociones en nosotros. Del mismo modo, hablar con la gente sobre un tema positivo, confuso o que nos haga sentir bien facilitará el proceso de construcción de la relación y aumentará nuestro factor de simpatía.

2. ¿Cuáles son las tres cosas más importantes que están en tu lista de cosas por hacer? 3. ¿Cuáles son sus planes de viaje para el año en curso (si la persona menciona el viaje como una de sus pasiones o hobbies)? ¿En qué lugares has estado? ¿Cuál es tu recuerdo favorito de las vacaciones? ¿Cuál es su destino de vacaciones favorito? Hay muchas preguntas que puede hacer

sobre las pasiones, intereses y pasatiempos de una persona para entablar una conversación efectiva.

3. ¿A qué serie de televisión o de Netflix estás actualmente enganchado? ¿Por qué disfrutas viéndola? ¿Qué serie de televisión o película se acerca más a tu vida? Si te ofrecieran la opción de vivir en el escenario de tu libro o serie de televisión favorita, ¿cuál elegirías? La idea es conseguir que la otra persona se abra y participe en una conversación interesante.

4. ¿Cuál es la última película o serie de televisión que has visto? ¿Qué es lo que más te ha gustado o disgustado de ella? ¿La recomiendas? ¿Es digna de toda la publicidad que ha generado?

5. Me recuerdas a una celebridad, pero no puedo saber a quién. ¿Con qué persona conocida te compara la gente generalmente?

6. ¿Cuál fue el último concierto al que asistió? ¿Cómo fue toda la experiencia? ¿Cuál es tu banda musical favorita? ¿Qué tipo de música te gusta escuchar?

7. ¿Por qué eligió este profesional u optó por trabajar en un sector específico? ¿Aspiró a estar aquí desde el principio? 8. ¿Siempre estuvo interesado en ser (su profesión)? 8. ¿Cómo desarrolló la pasión por trabajar en este sector? ¿Recomendaría esta elección de carrera a sus hijos o a otros aspirantes a profesionales?

8. ¿Cómo conoces a Jane y Joseph, los anfitriones? ¿Cómo te enteraste de esta reunión o evento? ¿Cómo te uniste a la Federación? En pocas palabras, le estás preguntando a la otra persona de forma bastante educada cómo llegaron allí. Cualquier pregunta que tenga que ver con su presencia, puede ser un buen rompehielos para iniciar una conversación memorable.

9. ¿Cuál es el punto culminante de su día? ¿Qué te gusta hacer en tu tiempo libre? 10. ¿Cuál es tu equipo deportivo favorito? 10. ¿Cuáles son tus hobbies, intereses, habilidades y pasión?

10. ¿Cuáles son los mejores lugares de la ciudad para pasar el rato? ¿Qué atracciones, restaurantes, parques, cafés, museos, etc., merecen ser visitados en la ciudad?

Esto es sólo un calentamiento para empezar la conversación. Sigue construyendo sobre la conversación para hacerla más interesante y atractiva.

Capítulo 4:

Cómo usar la voz, el habla y el lenguaje para ser un profesional de la comunicación y la gripe

¿No quieres ser un comunicador súper influyente y efectivo que tiene a la gente comiendo de sus manos? En un capítulo anterior, discutimos los finos matices de la conversación y cómo puede ayudarnos a romper el hielo mientras se barre a la gente de sus pies. Este capítulo está dedicado a explorar cómo podemos utilizar eficazmente el poder del habla, el lenguaje y las habilidades de la voz para aumentar nuestro carisma y la confianza para ser un comunicador eficaz.

¿Se está expresando de manera positiva, convincente y segura? ¿Eres un comunicador elocuente y atractivo? ¿Eres expresivo y seguro cuando te diriges a una audiencia? Un comunicador poderoso posee varios atributos, que pueden ser dominados a lo largo de un período de tiempo. Si bien la comunicación no verbal es parte integrante del proceso de ser un comunicador eficaz, en este capítulo nos centramos principalmente en la comunicación verbal. ¿Cuáles son los elementos de una conversación o un discurso asombroso? Comprende varias características como la entonación, el tono, la inflexión, las palabras y mucho más para dar un mayor significado y claridad a su mensaje para ayudarle a comunicarse de forma articulada.

Aquí tienes algunos consejos para mejorar tus habilidades lingüísticas y convertirte en un comunicador interesante, persuasivo y eficaz.

Mantener un ritmo uniforme y constante de habla...

Tu ritmo de habla es la velocidad con la que hablas.
¿Has observado cómo algunas personas hablan tan rápido que apenas puedes agarrar lo que están tratando de comunicar? Del mismo modo, algunas personas hablan tan lentamente que te aburres hasta que terminan de hablar. Si quieres ser un comunicador efectivo, mantén un ritmo de habla constante, consistente y bien espaciado. No debe ser ni demasiado rápido ni demasiado lento. Las personas que hablan muy rápido, a

menudo se ven ansiosas, nerviosas, emocionales, dramáticas y dominantes. Del mismo modo, cuando se habla demasiado despacio, se ve inhibido, indeciso y confundido. El oyente puede apagarse pronto de cualquier manera cuando no puede procesar eficazmente lo que usted está tratando de comunicar.

El camino del medio es hablar ni muy rápido ni muy lento. Mantener un ritmo de habla equilibrado y constante de alrededor de 140-160 palabras por minuto. Tómese el tiempo necesario para hablar a su ritmo normal y compruebe su ritmo de habla. Si supera las 160 palabras por minuto, a los compañeros les va a costar mucho trabajo mantenerse al día con lo que dice. Facilite a sus oyentes el proceso de lo que está diciendo manteniendo un ritmo de habla uniforme.

Cuando usted hace un punto muy importante o sustancial, donde quiere que la idea se hunda en la conciencia de su oyente o le haga pensar por un tiempo, haga una pausa después de decirlo, esto creará el efecto deseado. Dales tiempo para procesar la magnitud de tu mensaje permaneciendo en silencio por un tiempo. Permita que todo lo que ha dicho se asimile como se pretende.

Desarrollar un vocabulario articulado y extenso

Un comunicador elocuente, claro y expresivo es alguien que sabe hablar de sentimientos sin esfuerzo, ideas, conceptos, experiencias y demás. Para poder crear una imagen vívida en la mente de las personas, uno tiene que ser capaz de expresarse utilizando las palabras y frases más apropiadas e interesantes. Hay que utilizar las expresiones exactas para hacerse más digno de atención y relevante.

Sigue trabajando en la construcción de un vocabulario extenso para aumentar tu seguridad en ti mismo, tu aplomo y tu carisma durante los escenarios sociales y otros. Comprométase a aprender tres o cuatro palabras o frases nuevas cada día. Las personas con un vocabulario extenso rara vez se enfrentan a problemas a la hora de expresar sus puntos de vista y demuestran un mayor nivel de confianza al hablar con la gente. Hay algo irresistible en las personas que siempre están usando las palabras correctas en el momento adecuado. Piénsalo de esta manera - la diferencia entre un vocabulario funcional y extenso puede ser la diferencia entre una imagen deslumbrantemente colorida y en blanco y negro. Pintar imágenes con palabras es un arte que hace la conversación aún más estimulante y apasionante.

Hacer hincapié en la palabra correcta para comunicar el mensaje deseado

La palabra que enfatiza hace toda la diferencia cuando se trata de transmitir un mensaje claramente. Consideremos una frase como: "¿Robó *mi libro?* "Ahora, veamos cómo el énfasis en cada palabra puede cambiar el mensaje. Si el orador enfatiza "*él*", significa que el orador está preguntando si "*él*" robó el libro o alguien más lo hizo. De manera similar, él/ella enfatiza "*robar*", el orador está implicando que no está seguro de si alguien robó su libro o simplemente lo tomó prestado. Al enfatizar de nuevo en "*mi*", el hablante no está seguro de si alguien robó su libro o el de otra persona. Finalmente, el énfasis en "*libro*" transmite que el orador está implicando que no sabe si su libro fue robado o algo más fue robado. ¿Entiendes la idea? La palabra en la que enfatiza al hablar transmite el significado que pretende transmitir. Enfatizar en la palabra equivocada puede cambiar completamente el significado de la frase.

Manténgase alejado de la redundancia

Evita cargar tu conversación con demasiados rellenos. Mantén las frases nítidas, concisas y al grano. Evite usar términos muy falsos para mostrar su vocabulario. En su lugar, utilice el término más relevante, efectivo y ampliamente comprendido. Use palabras y frases apropiadas para comunicar sus ideas de la manera más efectiva. Menos es más cuando se trata de vocabulario. Un orador o comunicador dotado es alguien que logra transmitir el máximo de ideas utilizando un mínimo de palabras o frases.

Piensa en formas más efectivas y articuladas de comunicar tus ideas y sentimientos. Intenta reemplazar las palabras y frases cotidianas con términos más contundentes o más convincentes. Por ejemplo, en lugar de usar "*muy hambriento*", puedes decir "*hambriento*". Del mismo modo, "*muy enojado*" puede ser reemplazado por "*lívido*". ¿Entiendes lo que digo? Una vez más, para ser un orador más efectivo, trata de eliminar los términos redundantes de tus conversaciones diarias. Por ejemplo, "*dijeron (lo que sea que hayan dicho) sobre mi nuevo vestido*" puede ser reemplazado por "comentaron *sobre mi nuevo vestido*". El objetivo es hacer que su discurso sea más expresivo, más nítido y convincente. Concéntrese en hacer sus frases más ajustadas reemplazando las palabras y frases ineficaces por expresiones más relevantes. Las palabras cotidianas como *"grande"* o *"grande"* pueden ser reemplazadas por *"colosal"* o *"gigantesco"* De la misma manera, lo sagrado puede ser reemplazado por *"petrificado"* o *"espantado"*. Entra en un patrón de pensar conscientemente en mejores formas de decir algo. Este hábito aumentará su impacto como comunicador. Te hará parecer un interesante, atractivo y colorido conversador. Construir un vocabulario más rico para dar mayor carácter, sentimientos y experiencias sensoriales a la conversación.

¿Cómo lo haces? Usa un pequeño diario de bolsillo o un cuaderno para anotar las nuevas palabras y frases con las que te encuentras cada día. Intenta incluir estas palabras y frases en el uso diario. Domina tres o cuatro palabras al azar del diccionario cada día e intenta usarlas en tu conversación. Hay toneladas de aplicaciones de "palabras al día" en sus teléfonos inteligentes para que su vocabulario sea más enriquecedor. Es un trabajo en progreso. Nunca dominarás completamente el juego de vocabulario, pero seguirás mejorando. Si eres una de esas personas que creen que un vocabulario limitado te impide mantener una conversación, piénsalo de nuevo. Respira con calma. Hay muchas maneras de construir un vocabulario poderoso si tienes la voluntad de hacerlo.

Utilizar la inflexión en el habla de manera efectiva

Hay varias maneras de meter más fuerza en tu conversación. Uno de estos valiosos consejos es usar la inflexión para una óptima eficiencia de comunicación. La inflexión o la entonación le da más valor a tu comunicación. Evite comunicarse en un tono de canción si quiere que los oyentes lo tomen en serio.

Varíe su tono periódicamente para evitar parecer un robot. Los comunicadores efectivos rara vez usan un tono monótono al hablar. Siguen jugando o variando su tono para adaptarse a su mensaje. La entonación infunde mayor sentimiento y emoción en su discurso. Facilita el proceso de comunicación al transmitir exactamente lo que el orador quiere. A través de la entonación de una persona, sabrás si la persona está siendo solicitada, instando, ordenando, cuestionando, sugiriendo, condescendiendo y así sucesivamente. Esto elimina el proceso de mala comunicación.

Muchas veces, la inflexión defectuosa conduce a una falta de comunicación. Por ejemplo, supongamos que desea pedirle a alguien que le haga un favor. En lugar de elevar ligeramente el tono hacia el final de la frase, si mantiene un tono plano, la petición sonará más como una orden o comando. Un ligero aumento en la inflexión hacia el final de la frase hará que parezca una petición. El oyente puede tener la idea de que no tiene la opción de rechazarlo si está haciendo una declaración en lugar de pedirlo educadamente. Este es un caso clásico de falta de comunicación. Por lo tanto, usar la inflexión y entonación apropiadas es crítico para el proceso de comunicación.

Haz un esfuerzo consciente para conseguir más variedad, carácter y claridad en tu tono si quieres dar la impresión de ser un comunicador persuasivo y atractivo. La entonación trae un rango más amplio de emociones, ideas y carácter a tu comunicación. A veces, incluso una cierta cantidad de inflexión puede alterar el significado de todo el mensaje. Una simple sugerencia corre el riesgo de parecer condescendiente. Otras veces, nuestro tono puede hacer toda la diferencia al cambiar el significado de un mensaje. Nuestro tono, así como la inflexión, son las causas más comunes cuando se trata de crear malentendidos en el proceso de comunicación.

Tengan en cuenta el tono y la entonación que usan al hablar con la gente. Hay tres tonos principales que se pueden usar en una conversación o discurso normal. Los tres tonos fundamentales son el habla alta, media y baja. Como un comunicador convincente, utiliza varios tonos. Juega con tu voz para comunicar tus verdaderos sentimientos e intenciones según sea necesario.

La mejor manera de saber cómo suena es grabar la voz mientras se habla y oírla después o pararse frente a un espejo mientras se habla. Narra un relato o historia detallada mientras te concentras en cómo te ves y cómo suenas. Esto ayuda a mejorar la transmisión de tu voz. Identifica las áreas en las que se puede trabajar para que tu discurso o conversación tenga más fuerza. Sin ensayar, intenta hablar de cualquier tema al azar durante un par de minutos. Conocerás el significado exacto de tu voz y podrás medir el efecto deseado de tu sonido. Una vez que conozcas tus puntos débiles de comunicación, es más fácil trabajar en ello.

Ten en cuenta que tu voz es tu mayor arma como comunicador. Úsala generosamente en tu beneficio para transmitir tus ideas de la manera más efectiva. Evite hablar en un tono monótono, especialmente cuando esté dando un discurso importante o entablando una conversación interesante. Nuestra voz puede ser una de las herramientas de comunicación más flexibles, que puede ser usada añadiendo muchos efectos, sentimientos y coloración. Añadirá más fuerza a tu comunicación.

Si quieres hacer un punto importante, empieza con una nota plana. Luego, eleva tu tono ligeramente hacia el medio, y termina con una nota plana de nuevo. Evita terminar lo que estás diciendo en el tono alto porque esto hace que tu declaración se acerque a una pregunta. Asegúrate de terminar en una nota plana, para que parezca que estás haciendo una declaración fuerte en lugar de plantear una pregunta. Como alguien que quiere dominar la comunicación, también puedes contratar los servicios de un entrenador de voz y habla para fortalecer tus habilidades de presentación y conversación. Utiliza muchas variaciones para añadir más variedad al discurso.

Mantengan sus pronunciaciones y enunciaciones claras

Empieza a trabajar en tus articulaciones de sonido para que te parezcas a un comunicador efectivo y convincente. Ten un impresionante dominio de la fonética para sonar bien y reducir las posibilidades de malentendidos. Sus sonidos y su apropiación deben resultar como se pretende.

Evite murmurar, murmurar y hablar en voz baja si quiere ser un orador eficaz. Eso le quita la posibilidad de transmitir el mensaje de una manera poderosa. Pocas cosas son tan poco halagadoras como la gente cuyo discurso es apenas audible. Tendrás que seguir diciendo las mismas cosas una y otra vez, lo que lleva a la confusión. Abre tu boca fuerte, amplia y clara mientras hablas para llevar el mensaje a casa de manera efectiva. Esto le dará más claridad a lo que está diciendo. Aspire sus sonidos correctamente para que suenen bien. La aspiración de los sonidos es vital en lo que respecta a la claridad del habla. Comprenda cuando se le pide que estire o condense un sonido. Una letra o un grupo de letras similares pueden ser utilizados para crear múltiples sonidos de los que uno debe ser consciente mientras habla o da un discurso.

Por ejemplo, toma "*golpe*" y "*mordida*". Mientras que el primero tiene un sonido de "*yo" más largo*, el segundo es más corto. Por otra parte, "*pull*" y "*pool*" se aspiran y se pronuncian de forma diferente incluso cuando ambos comunican sonidos similares. Cuando no esté seguro, revise la pronunciación de las palabras en línea o utilice una aplicación para comprobar los sonidos correctos.

Incluso las mismas letras son aspiradas distintamente usando palabras y frases variadas. Por ejemplo, "*el*" utilizado en "*grueso*" tiene es aún más aspirado que "*el" sonido* en una palabra como "*ellos*" o "*el*". Del mismo modo, "*día*" y "*ellos*" se articulan distintamente, aunque suenen cercanos. Para quienes experimentan dificultades para enunciar o articular los sonidos, prueben con ejercicios bucales para aumentar la flexibilidad de la mandíbula. Utilice trabalenguas para dominar las enunciaciones y articulaciones de sonidos variados.

Capítulo 5:

Liberarse del lazo de los patrones de comunicación negativos

Ser un comunicador efectivo y un ser social también se trata de evitar los patrones de comunicación negativos. Ahora sabemos muy bien cuán vitales e indispensables son la comunicación efectiva y las habilidades sociales en nuestra vida diaria personal, de negocios y social.

Las grandes habilidades de comunicación no sólo las necesitan los líderes y oradores políticos, sino cualquiera que desee disfrutar de relaciones gratificantes y satisfactorias. Lo necesitas para todo, desde negociar un lucrativo acuerdo de negocios hasta persuadir a tu pareja para que cene en tu restaurante favorito. Sin embargo, vacilamos con las habilidades sociales y de comunicación que deberían ser naturales para nosotros. La falta de comunicación lleva a malentendidos, discusiones y ruptura de relaciones.

Consideremos una situación en la que, como líder del proyecto, intentas explicar a un miembro del equipo dónde se ha equivocado con el proyecto. Has dicho todo lo que tenías que decir, simplemente para darte cuenta de que la persona no está escuchando. Se ha desconectado mentalmente, como es evidente a través de sus gestos y lenguaje corporal. Piensa en tus impulsos sobreactuando en un pequeño asunto, que obviamente no puedes decirle por miedo a las consecuencias.

Hay muchos escenarios de comunicación tan incómodos en los que cometemos errores que rompen nuestra conexión con la gente o no consiguen transmitir un mensaje como se desea. Lo peor de estos errores de comunicación es que ni siquiera podemos identificar dónde nos hemos equivocado. No nos damos cuenta de por qué una persona no reaccionó de la manera prevista o de la razón por la que no pudimos conseguir que alguien hiciera lo que queríamos o por qué ha dejado de escucharnos. Entonces, estos pequeños malentendidos se convierten en problemas más grandes hasta que es imposible comunicarse con la otra persona.

Aquí están algunos de los errores de comunicación más comunes o los patrones de comunicación negativos y las estrategias para superarlos para hacerte un comunicador efectivo y ayudarte a disfrutar de relaciones más gratificantes

Los lectores de la mente

Este es otro patrón de comunicación negativo o un obstáculo cuando se trata de una comunicación efectiva. Antes de que termines de decir tu frase, la persona se lanzará y la completará por ti. Afirman saber y entender exactamente lo que quieres decir incluso antes de que lo digas. Esto los convierte en comunicadores ineficaces porque en lugar de escuchar activamente lo que el orador está tratando de transmitir, actúan bajo el supuesto de que ya lo saben todo. Esto hace que se desconecten. Esta tendencia a pensar *"sé lo que va a decir"* o *"cómo se siente" nos impide escuchar activamente* a la gente, lo que significa que podemos terminar perdiendo mucha información importante.

Escuche atentamente cada palabra que la gente habla, sintonice su voz y observe su lenguaje corporal para comprender su mensaje en el contexto adecuado. Evite leer las pistas de forma aislada. Por ejemplo, si una persona está inquieta, puede ser un signo de nerviosismo, excitación o una persona hiperactiva. Observe todo, desde su lenguaje corporal para elegir sus palabras hasta su voz. Evite señalar piezas de información aisladas de su comunicación verbal o no verbal y saque conclusiones generales basadas en ellas para asumir que las ha entendido. Este es uno de los mayores errores de comunicación. Entender el mensaje en su totalidad siendo un oyente atento sin juicios, suposiciones y conclusiones radicales.

Todos somos culpables de la escucha selectiva, que puede ser un gran obstáculo para el proceso de comunicación. En lugar de escuchar lo que el orador tiene la intención de comunicar, escuchamos sólo lo que queremos y le prestamos nuestra propia interpretación. Por ejemplo, cuando alguien dice: "*Quiero que te destaques en esto*", la persona puede significar que quiere que te destaques en algo. Sin embargo, puede interpretarlo como, "eres malísimo *en esto actualmente*". Esto no se acerca en nada a lo que el orador insinuó. La intención detrás de lo que dijeron fue completamente diferente de la forma en que lo interpretaste. El orador insinuó que querían que aumentaras tus niveles de competencia para lograr resultados estelares, lo que no es lo mismo que seas pésimo en esto ahora mismo. Sólo significa que hay mucho espacio para mejoras. Sin embargo, con tus filtros, sólo oyes lo que quieres, lo que demuestra ser un obstáculo para el proceso de escucha efectiva. Evita filtrar lo que la gente dice o capta algunas palabras/frases aquí y allá. Más bien, preste mucha atención a lo que dice el orador e intente recoger su mensaje en su conjunto, con todas las pistas verbales y no verbales para ser un comunicador más eficaz.

Consideremos un ejemplo de escucha selectiva para comprender cómo puede afectar negativamente al proceso de comunicación. Susan tuvo un día particularmente estresante en un restaurante donde trabajaba como camarera. Llega a casa después de una noche ajetreada y encuentra a su marido Samuel pegado a su serie de televisión favorita. Él casualmente le pregunta cómo le fue el día, y la muy estresada Susan menciona todo lo que salió mal esa noche. Para empezar, el lugar estaba lleno de clientes, así que tuvo que lidiar con muchas multitudes. Más tarde, no logró obtener muchas propinas esa noche. Susan termina su despotrica miento diciendo que, aunque atendió a un grupo de clientes, que pagaron una enorme cuenta de 500 dólares especialmente bien al salir del camino, no le dieron propina. Estaba frustrada y molesta de que la gente pudiera ser tan desconsiderada.

Samuel no habló mucho y en cambio se echó a reír. Susan le preguntó dónde encontraba el humor en toda la situación cuando ella estaba claramente molesta. Samuel menciona que la risa no fue en respuesta a lo que ella dijo, pero en la divertida situación del programa, él estaba mirando.

Susan ya ha empezado a perder la cabeza. Samuel no dijo nada para consolar o tranquilizar a Susan, lo que la hizo preguntar a Samuel si había escuchado lo que ella dijo. *"Por supuesto que escuché todo lo que dijiste, deberías estar contento de haber hecho una propina de 500 dólares de tu última mesa de la noche"*. Susan, ya furiosa, recogió sus cosas y salió furiosa, dando un portazo. Samuel estaba desconcertado por su reacción. ¿Qué mal dijo para provocar una respuesta tan negativa de ella? ¿Notas el problema en su comunicación? Samuel practicó la escucha selectiva. No estaba escuchando activamente a Susan cuando ella le decía a su corazón lo malo que era su día. Sólo captó trozos de lo que ella decía mientras enfocaba su atención en otras cosas, para su angustia y decepción.

Incluso cuando te comprometes a escuchar completamente a la persona, tu vida puede estar llena de instancias en las que sin saberlo practicas la escucha selectiva. Escuchamos sólo lo que queremos mientras eliminamos información importante de la comunicación, lo que dificulta todo el proceso. Puede parecer muy desconsiderado, insensible, estúpido, grosero o irrespetuoso con el orador. Haga un esfuerzo para escuchar e interpretar el mensaje del orador en su totalidad.

Obsesionado con secuestrar y ganar conversaciones

Las personas más negativas con las que hay que tratar durante cualquier proceso de comunicación son probablemente las que están obsesionadas con ganar cada discusión, argumento y debate. Creen que es su derecho de nacimiento secuestrar o ganar cada discusión. Léelo tantas veces como quieras, pero nunca vas a ganar ninguna discusión o conseguir que la gente esté de acuerdo contigo empezando tu discusión con, "Voy *a demostrar que te equivocas ahora*" o "*Voy a demostrarte este punto ahora*".

Simplemente terminarás levantando las defensas de la persona declarando directamente cómo estás empeñado en demostrar que se equivocan.

Al comunicarse con la gente (especialmente cuando se trata de debates, diferencias y discusiones), no aviven las defensas de la otra persona. Es más probable que el oyente se prepare para la batalla mental que se le avecina si le informa de que está en una misión para demostrarle que se equivoca. Mucha gente comete el error de decir: *"Eso no es cierto. Déjeme probar lo incorrecto que está"*. ¿Cuál es la idea de informar a alguien de que vas a demostrar que se equivoca? Demuestre su punto de vista de una manera más lógica, equilibrada y reflexiva. Tenga en cuenta que cambiar la mente, las percepciones o los puntos de vista de alguien nunca va a ser fácil. Cuando usted establece bastante pronto que quiere probar algo a alguien, rara vez le escucharán o admitirán que están equivocados o que usted ha logrado probar que está en lo cierto.

Evita que los demás sepan que vas a demostrarles que se equivocan. Hazlo inteligentemente usando hechos y razonamientos. Incluso si sabe que el oyente está claramente equivocado, siga el juego y diga algo al efecto de, "Bueno, *estaba pensando de forma ligeramente diferente en esto, y podría muy bien estar equivocado. Con frecuencia me equivoco, como todos los demás. Veamos los hechos ahora, ¿deberíamos?* "¿Notan lo que hicimos allí? Adoptamos un enfoque más neutral, equilibrado, lógico y científico, lo cual es difícil de refutar. Deja caer las defensas del otro oyente.

Ninguna persona lógica en la tierra estará en desacuerdo u objetará algo así. "*Puedo estar equivocado. Consideremos los hechos*". ¿Cuál sería el enfoque de los científicos? ¿Tratan de probar que todos están equivocados? ¿O sólo se preocupan por descubrir los hechos? Su enfoque de comunicación durante las discusiones y diferencias debería ser el mismo: apegarse a los hechos. ¡Utilizar un enfoque equilibrado y científico al tratar temas o argumentos potencialmente incómodos puede convertirte en un comunicador eficaz!

Rara vez nos metemos en problemas por admitir que también podemos estar equivocados. Evita que el problema se agrave y automáticamente hace que la otra persona asuma un enfoque equilibrado también a nivel subconsciente. También adoptará una postura equilibrada, lógica y justa cuando le encuentre demostrando una mayor objetividad. El oyente se dará cuenta de que ellos también podrían estar equivocados, al igual que usted. Cuando usted ataca, el otro oyente sigue el mismo patrón a nivel subconsciente. Cuando bajas tus defensas mencionando que podrías estar equivocado, es probable que la otra persona siga el mismo camino. No le digas a alguien que está equivocado al principio si realmente quieres probar que está equivocado.

Cuando la gente no se enfrenta a emociones fuertes o a la resistencia, es más probable que cambie su postura. Por otro lado, cuando se le dice a la gente que está equivocada, no sólo se resienten, sino que se esfuerzan más por demostrar que tienen razón. Esto lleva a un bucle interminable de discusiones, batallas de ego, conflictos, unificación y mucho más. Cuando la gente tiene la sensación de que sus conocimientos, puntos de vista, creencias, sentido de autoestima y valores están amenazados, su posición se endurece. Un comunicador efectivo sabe cómo hacer que la gente baje la guardia y sea más abierta y flexible al mencionar por adelantado que ellos (el orador) podrían estar equivocados.

Evita jugar al Sr./Ms. Arréglalo todo el tiempo

Cuando alguien le habla o le entrega su corazón, a menos que solicite activamente consejos o sugerencias, resista el impulso de ofrecerle soluciones o arreglar las cosas. Muchas veces, cuando las personas comparten sus luchas, desafíos, sentimientos o emociones, no buscan soluciones. Probablemente sepan que algo no se puede resolver, y por eso es exactamente por lo que se sienten tan perturbados por ello. Todo lo que necesitan es alguien que les preste un oído empático.

Superar el deseo de ofrecer sugerencias no deseadas, por muy apremiante que sea el impulso si quieres que la gente te tome en serio o te hable. Escuche al orador atentamente sin hacer ruido con sus dos centavos. A veces, sólo el reconocimiento y la empatía pueden cambiar completamente la forma en que se sienten.

Veamos la conversación. La persona A, *"El bebé me ha dado noches de insomnio. Apenas he dormido en la última semana. Es agotador, estresante y agotador"*.

Persona B, *"Debería considerar complementar la lactancia materna con biberón, para que el pequeño no tenga mucha hambre de vez en cuando, especialmente por la noche. Cuando duerme con el estómago lleno, no le despertará el hambre".*

La persona A no pidió necesariamente a la persona B una solución, pero la persona B, por una preocupación bienintencionada, sugirió no obstante lo que se puede hacer para superar una situación difícil a la que se enfrenta la persona A. Muchas veces nuestras sugerencias son bien intencionadas y se ofrecen por consideración a la otra persona. Sin embargo, todavía puede resultar contraproducente si todo lo que la persona quiere es ser escuchada. Compare esto con algo como: *"Realmente entiendo lo estresante y cansado que puede ser el manejo de un recién nacido". Puede agotar completamente la energía de uno.*

Sin embargo, está haciendo un trabajo maravilloso, y esta es sólo una fase que pasa una vez que los pequeños crecen. Entonces, extrañarás estos días. Una vez que los niños crezcan y vivan su vida independiente, recordarás estos días con cariño". ¿Ves lo que hicimos aquí? Reconocimos los sentimientos de la Persona A, los consolamos, los alentamos, apreciamos sus esfuerzos, e instamos a que aprovechen al máximo estos momentos. ¿No hará esto que la otra persona se sienta mejor en lugar de ofrecer consejos prácticos y clínicos?

Neutralizar los mensajes

Observen cómo varios líderes y comunicadores se vuelven ineficaces cuando neutralizan su mensaje siguiendo un pensamiento o mensaje poderoso con pelusa. El mensaje es despojado de su impacto. La persona comienza diciendo algo convincente. Luego reflexiona sobre su impacto, lo que lleva al orador a terminar con pelusa. Por ejemplo, puede decir algo como, "*Honestamente, no quise decir que usted es ineficaz, pero...*" o "*No quise ser grosero ni nada*". Le quita al mensaje su eficiencia. Puede que no seas capaz de comunicar lo que estás intentando con el impacto deseado.

Los mensajes neutralizantes también pueden ocurrir en forma de gestos no verbales como sonreír, disminuir la postura, encogerse de hombros y más. Puede que no sea conspicuo; sin embargo, disminuye el efecto de su mensaje a un nivel más profundo, subconsciente. Los comunicadores eficaces evitan recurrir a mensajes neutralizantes. Comunicarán su mensaje de manera no ofensiva sin matar el impacto de su mensaje. Comunicarán su mensaje sin azucararlo y escucharán la respuesta de la otra persona.

De igual manera, no use un solo tamaño para todos los enfoques mientras se comunica con diferentes personalidades. Cada persona tiene su propia personalidad, temores, deseos, puntos de vista, necesidades de comunicación y expectativas. Asegúrate de que tu comunicación se adapta o se ajusta a estas diferencias siempre que sea posible. Por ejemplo, puede estar enseñando a un grupo de personas con diferentes personalidades y estilos de aprendizaje propios. Considere estas diferencias de personalidades y estilos de aprendizaje para que el aprendizaje sea lo más efectivo posible. Algunas personas pueden beneficiarse de un enfoque de aprendizaje más teórico, mientras que otras pueden preferir un modo de aprendizaje práctico y práctico. Un comunicador impactante es alguien que puede considerar diferentes estilos de aprendizaje y comunicación para asegurarse de que se entienden.

Los acusados experimentados

La persona defensora es alguien que deja de escuchar y comienza a atacar en medio de la conversación defendiéndose a sí mismo o a sus acciones. Cada vez que alguien dice algo que suena crítico, levantamos nuestras defensas. Pensamos que la gente está tratando de derribarnos incluso si ofrecen una crítica constructiva y bienintencionada. De la misma manera, si te comunicas con una persona que deja de escuchar y comienza a defenderse, haz que tu crítica no suene acusatoria. Esto hará que la persona escuche con más atención y considere su punto de vista.

Abandone las defensas del oyente utilizando la técnica del sándwich añadiendo una declaración potencialmente crítica o negativa entre dos declaraciones positivas. Consideremos un ejemplo del método del sándwich. "Creo que *eres un bailarín impresionante; tu forma, estilo y movimiento son impresionantemente variados. Sin embargo, me gustaría mucho que trabajara en las expresiones faciales para lograr el mismo grado de perfección. Serás una de las bailarinas más hábiles del grupo si lo haces*".

¿Observaste lo que hicimos aquí? Yuxtapusimos una declaración potencialmente negativa u ofensiva (que el bailarín no es muy bueno con las expresiones faciales) entre dos declaraciones de sentirse bien para hacerlo más agradable para el oyente. Es más probable que el oyente baje sus defensas y acepte sus sugerencias.

El método puede utilizarse con éxito en las relaciones personales, profesionales y sociales.

Cada vez que quieras hablar de un tema potencialmente incómodo o negativo con alguien, evita decirlo directamente. Es más probable que la persona reaccione negativamente o a la defensiva ya que se le coge desprevenido. En su lugar, ofrezca indicadores y señales. Todos hemos visto señales de calles que nos dan pistas sobre las direcciones de nuestro destino. Le dan a la gente un aviso de lo que puede esperar. Prepararlos mentalmente para lo que viene en lugar de simplemente dejar caer la bomba. Comienza diciendo algo como, "Realmente *quiero resolver este asunto, si no, no estaría hablando contigo de ello*" o "Me vendría bien algo de tranquilidad *o consuelo de tu parte, que es exactamente por lo que estoy discutiendo esto contigo*". Le estás dando a la persona la importancia requerida al mencionar que, si el problema o asunto no fuera importante para ti, no lo habrías planteado con la persona.

Estás hablando del tema simplemente porque es importante para ti. Usted está haciendo su punto de vista de una manera no ofensiva o no acusatoria. Es más probable que el oyente piense que el objetivo de su comunicación no es acusarlo o culparlo, sino buscar su tranquilidad, lo que lo hará menos defensivo y más abierto a la idea de escucharlo.

Si no quieres que la gente se ponga a la defensiva o se lance a una discusión, no hagas tu declaración como si fuera la verdad última. Comienza mencionando que puedes estar equivocado, y que tanto tú como el oyente deben considerar o evaluar los hechos para determinar si tienes razón. Mencione desde el principio que hay una posibilidad de que pueda estar equivocado. Esto ayuda a la otra persona a bajar la guardia instantáneamente. Serán más abiertos, accesibles y receptivos a su punto de vista.

En lugar de dar a la otra persona la sensación de que es responsable de todo por lo que usted siente, asuma la responsabilidad de sus sentimientos utilizando más frases de "*yo*" y menos de "*usted*". Esto te hace parecer responsable de sentir algo, como si fuera tu punto de vista y no un hecho. Sonará menos acusatorio u ofensivo para el oyente. No tendrán la sensación de que los estás criticando o acusando de algo, lo que hace que se pongan a la defensiva.

En lugar de decirle al oyente, "rara vez *tienes tiempo para mí*" o "*no pasamos suficiente tiempo juntos*", puedes hacerlo más digerible y aceptable para el oyente diciendo algo como, "*Me gustaría mucho si pudiéramos pasar más tiempo juntos porque aprecio nuestros momentos juntos*". En estas últimas declaraciones, estás comunicando tu punto sin culpar a la otra persona. Transmite sus necesidades sin acusar a la otra persona de ser desconsiderada con sus sentimientos. En cierto modo, estás aceptando la responsabilidad de pensar o sentir de una manera particular.

La gente deja de escucharnos cuando sienten que los estás atacando. Digamos que un líder de proyecto tiene que transmitir a su equipo que no son eficientes en lo que respecta a un proyecto en particular. En lugar de decir, "*No estás trabajando eficientemente o siendo productivo en este proyecto*" o "*Este equipo es ineficaz, y ahora haces las cosas de la forma en que te lo pido*" decir, "*Tengo una vasta experiencia en la gestión de proyectos de esta naturaleza y el camino a seguir para ser más eficaz es este ...*"

Este método es efectivo porque la gente es menos propensa a ponerse a la defensiva cuando hablas de ti mismo. En el momento en que hagas el tema sobre ellos, responderán negativamente o se desilusionarán. El oyente/escucha será más abierto, receptivo y aceptará la idea de reflexionar sobre lo que está tratando de comunicar, incluso cuando no sea positivo.

Del mismo modo, se reducen las posibilidades de discutir con la otra persona sobre quién tiene la razón. Como mencionas cosas relacionadas con tu persona, no son discutibles, lo que minimiza las posibilidades de conflicto. Por el contrario, si dices cosas sobre el oyente, es más probable que se pongan a la defensiva o argumenten desafiando tu punto de vista. Cuando hablamos de nosotros mismos, cerramos las puertas para que la otra persona lo discuta.

Abstenerse de ser un hombre de "sí".

Ser un comunicador efectivo no se trata de estar de acuerdo con todo lo que todo el mundo dice. Más bien, se trata de cómo estás en desacuerdo con ellos sin ofenderlos. Esto es especialmente cierto para las personas que no están seguras de sí mismas o poseen un alto sentido de autoestima. Puedes ser socialmente incómodo o fácilmente intimidado por los demás. Incluso cuando no te deseas, te irás con lo que digan los demás sin expresar tus necesidades o preferencias. Si se identifica con esto, es hora de que aprenda a hablar por sí mismo o a adoptar una postura cortés pero firme o asertiva sobre sus necesidades y preferencias.

El asertividad y la agresividad no son lo mismo, aunque se puede pensar que hay una delgada línea entre ellas. El asertividad es la capacidad de una persona de defenderse a sí misma mientras se mantiene educada, respetuosa, cortés y no ofensiva. Se trata de llegar a una situación en la que todos salgan ganando y en la que no se pasen por alto ni las necesidades de los demás ni las suyas propias. La agresión se trata más bien de "yo gano, tú pierdes", mientras que el asertividad se trata de "todos ganan". No estás obligado a ser un complaciente de la gente, y eso debe reflejarse en tus patrones de comunicación.

Habla con la gente de manera lógica y equilibrada sin atacarla si crees que tus necesidades no están siendo satisfechas o quieres declarar tus preferencias. Por ejemplo, si dices algo como: "Prefiero *ir al mercado callejero saltando que visitar boutiques de alta gama para hacer compras*". Usted está declarando sus necesidades y preferencias en lugar de dar órdenes, lo que suena más aceptable y equilibrado para el oyente. Se trata de expresar sus puntos de vista, necesidades, ideas y preferencias de una manera genuina y saludable para llegar a una situación en la que todos salgan ganando.

Cuando usted está declarando sus preferencias, sigue dejando margen para que la otra persona exprese su opinión y sus preferencias. Cuando se establecen tanto las necesidades propias como las de la otra persona, la oportunidad de llegar a una situación en la que todos ganen es mayor. Diga un cortés, pero firme "*no*" cuando no esté dispuesto a hacer algo. Rechaza cortésmente cualquier petición diciendo "no" cuando no quieras hacer algo.

El asertividad es parte integral del proceso de ser un comunicador as. Implica defender tus valores y creencias mientras no tienes miedo de articular tus deseos, necesidades y objetivos con los demás. El asertividad en la comunicación implica poner a todos en igualdad de condiciones y centrarse en el respeto mutuo. No hay intención por tu parte de herir u ofender a los demás, al igual que no aceptarás que otras personas te hieran, ofendan o socaven. El enfoque está en el respeto mutuo y en llegar a una situación en la que todos salgan ganando.

Aquí hay algunos consejos valiosos para aumentar su cociente de asertividad. Vea a los demás como la fuerza que necesita para colaborar o trabajar con en lugar de trabajar en contra. Cuando te enfrentes a cualquier situación desafiante en cualquier aspecto de tu vida con ciertas personas, céntrate en la colaboración o solución en lugar de la competencia y la superación. Incluso si terminas ganando la discusión, puedes perder la relación. La comunicación efectiva es utilizar cada situación desafiante para fortalecer tu conexión con una persona. Esto nos ayuda a dejar una impresión positiva en la gente una vez que la situación desafiante ha quedado atrás.

Piensa en esto cuidadosamente. Cada vez que nos lanzamos a una discusión o una pelea con nuestro compañero/esposa, lo vemos como una guerra "*yo contra él o ella*". Miren el desafío desde el punto en que ambos están en un equipo, y el enemigo es el desafío que enfrentan como pareja. La comunicación efectiva se trata de trabajar hacia una solución común en lugar de tratar de averiguar quién tiene la razón. Esta técnica por sí sola les ayudará a disfrutar de una comunicación más efectiva en sus relaciones interpersonales. Manténganse firmes, mientras se concentran en el panorama general o en el bien común. En lugar de percibir a todos los que no están de acuerdo con usted como un enemigo, véalos como un aliado con el que puede trabajar para llegar a una solución en la que todos salgan ganando.

Desarrolle conscientemente el hábito de declarar sus necesidades, sentimientos, opiniones y preferencias abiertamente. No siempre tienes que ir con lo que la gente dice. Si tienes una preferencia o perspectiva ligeramente variada, aclárala. Uno de los mayores errores que cometemos cuando se trata de la comunicación en las relaciones íntimas e interpersonales es que siempre asumimos que la otra persona debe conocer automáticamente nuestras necesidades o entender nuestros sentimientos sin que nosotros tengamos que articularlo. Manténgase honesto, transparente, respetuoso y cortés cuando se trata de expresar sus necesidades. Al pedir un sándwich en el café, ¿prefieres un sándwich de jamón y queso o de jamón y centeno con tomates, con extra de queso cheddar, pepino y menos de lechuga? ¡Obviamente, el segundo! Entonces, ¿por qué tenemos miedo de expresar nuestras necesidades, opiniones y preferencias en nuestras relaciones personales, profesionales y sociales?

No te sientas culpable por defender tus propias necesidades o preferencias. Cuando algo no es compatible con sus creencias, valores, preferencias y prioridades, rechace sin lamentarlo. Mata la culpa. Reemplaza esta culpa con un diálogo constructivo o positivo. Si rechazas a un amigo que te pide prestado dinero constantemente sin asumir la responsabilidad de su vida, no hay necesidad de pensar: "*Soy una persona terrible porque no estoy ayudando a mi amigo*". Más bien piense en la línea de: "Merezco cuidar *de mis intereses y de la estabilidad monetaria sin comprometer mi seguridad financiera general*".

Otro consejo inteligente para eliminar la culpa mientras se es asertivo y se dice no a la gente es imaginarse a sí mismo defendiendo a alguien que te importa profundamente. ¿Dejarías que alguien hiciera algo similar con tu ser querido? ¿No? Es más probable que tomemos una postura cuando se trata de un ser querido. Es mucho más fácil hablar por alguien que nos importa profundamente en vez de por nosotros mismos.

Siempre usa el comienzo de "*yo*" en vez de "*tú*", donde te haces cargo de tus sentimientos en vez de acusar a otra persona.

La falta de reconocimiento y adaptación al estilo de comunicación de alguien

Identificar el estilo de comunicación de una persona es parte integral del proceso de comunicación efectiva, al tiempo que reduce los casos de conflictos y malentendidos. A continuación, se presentan los estilos de comunicación fundamentales a los que se puede adaptar o manejar para lograr relaciones más satisfactorias, equilibradas y armoniosas.

Comunicadores asertivos - Los comunicadores asertivos son personas que tienen mucha confianza en sí mismos y autoestima. Se sabe que el asertividad es el estilo de comunicación más equilibrado y saludable, que busca encontrar un camino intermedio entre ser demasiado agresivo o pasivo, y a la vez alejarse de las tácticas de manipulación.

La gente asertiva conoce sus límites, y no se toma demasiado bien el ser empujados por gente que desea que hagan ciertas cosas que no quieren hacer. Al mismo tiempo, rara vez violan los sentimientos de los demás para alcanzar sus objetivos. Este es un estilo de comunicación en el que todos ganan, ya que los comunicadores asertivos casi siempre piensan en soluciones que son ventajosas para todos los involucrados en lugar de pensar sólo en ellos mismos.

Las características típicas de un comunicador asertivo son la capacidad de lograr sus objetivos sin perjudicar a otras personas. Se esfuerza por preservar sus propios derechos y al mismo tiempo es consciente y respetuoso de los derechos de los demás. Tienen una alta expresividad social y emocional. A los comunicadores asertivos les gusta tomar sus propias decisiones, mientras que también aceptan la responsabilidad de estas decisiones.

El comportamiento no verbal típico de los comunicadores asertivos es un tono de voz medio, volumen y ritmo de habla. Noten que su postura casi siempre será abierta y relajada. Se mantendrán erguidos y apenas mostrarán signos de nerviosismo. Sus gestos son más expansivos, abiertos y receptivos.

A las personas asertivas les gusta mantener el contacto visual y una posición más espacial, lo que comunica que son controladores de sus acciones y respetuosos con otras personas. Las cosas típicas que dicen incluyen algo como: *"Por favor, ¿podrías bajar la velocidad? Estoy tratando de beber un poco de agua"* o "Me disculpo por no poder ayudarlo *con su tarea ya que tengo una cita con mi dentista programada para esta noche"*. Intente adoptar un estilo de comunicación asertivo si quiere ser efectivo.

Comunicadores agresivos - Desearías no tener que lidiar con este tipo de comunicadores, pero desafortunadamente, existen en todas partes. Este estilo de comunicación se trata de ganar, sobre todo a costa de otras personas. Cuando alguien es demasiado agresivo en su comunicación, puedes usar el asertividad para defenderte.

Los comunicadores agresivos siempre mantendrán sus necesidades, preferencias, creencias, opiniones, puntos de vista y deseos por encima de los demás. Actúan como si poseyeran mayores derechos que otras personas y tienen derecho a decidir por todos los que les rodean. Los comunicadores agresivos suelen estar tan obsesionados con su entrega de lo que tratan de decir que el mensaje se pierde finalmente.

El patrón de comportamiento no verbal típico de los comunicadores agresivos incluye hablar en un volumen inusualmente alto, mantener una postura más amplia y expansiva que los demás a su alrededor para significar poder y ocupar más espacio físico. Sus expresiones faciales son a menudo rápidas y bruscas. El lenguaje que utilizan es del tipo "¿No entiendes *una cosa tan simple o básica?* " o *"Esto tiene que hacerse exactamente como yo digo o a mi manera*" o "me vuelves *loco".* Los comunicadores agresivos son expertos en el arte de culpar, insultar, criticar, insultar, burlarse, amenazar y ser sarcásticos para sentirse bien con ellos mismos.

Los comunicadores agresivos pasivos parecen pasivos en la superficie, pero expresan su frustración o rabia entre bastidores. Casi siempre están lidiando con sentimientos de impotencia y resentimiento. Los comunicadores agresivos pasivos generalmente dirán cosas como, *"¿por qué no te haces cargo del proyecto. Mis aportes no son valorados de todos modos*" o "sabes *más que los demás, de todos modos, deberías ser tú quien lidere el proyecto".*

Hay una pizca de sarcasmo en todo lo que dicen, que proviene de un sentimiento de resentimiento y frustración.

¿Cuál es el lenguaje corporal de una persona pasivo-agresiva? Hablarán en un tono dulce y azucarado mientras marcan una postura asimétrica y rápidas expresiones faciales, así como gestos que en la superficie parecen inocentes. Su posición espacial comprende estar de pie lo suficientemente cerca como para hacer que la otra persona se sienta incómoda. A veces, tocan ligeramente a los demás, mientras fingen ser cálidos, acogedores y amigables.

Comunicadores sumisos - Los comunicadores sumisos son los que complacen a la gente. Harán cualquier cosa para evitar una confrontación o disgustar a la gente a cualquier precio. Tienden a inclinarse hacia atrás en su intento de anteponer las necesidades, deseos, opiniones, creencias y preferencias de los demás a las suyas. Los comunicadores sumisos a menudo operan bajo la creencia de que sus necesidades no son tan importantes como las de los demás a su alrededor. Esto lleva a mucha frustración y decepción. El lenguaje usado por un comunicador sumiso incluye algo como, "¡Oh! *Está bien. Realmente no lo quiero ahora*" o "*puedes elegir lo que quieras, cualquier cosa está bien para mí*".

El lenguaje corporal de los comunicadores sumisos incluye el hablar usando un tono suave, empleando una diminuta posición con la cabeza hacia abajo, gestos de inquietud o de nerviosismo y una postura que los hace parecer de una estatura mucho más baja que la de otras personas. Su lenguaje corporal está marcado por una mentalidad de víctima.

Comunicador manipulador - Estos son probablemente los más astutos, más intrigantes y peligrosos de todos los comunicadores. Son calculadores y a menudo se aprovechan de las emociones de los demás para servir a su propio propósito. Los comunicadores manipuladores tienen la habilidad de influenciar, coaccionar y controlar a otros para su propio beneficio. Las palabras y frases que dicen siempre tienen algún significado subyacente o un motivo oculto, del que sus desafortunadas víctimas no son conscientes.

Las cosas típicas que dicen incluyen, "Eres muy afortunado *de disfrutar de sus encantadores pasteles. Desearía ser tan afortunada como tú de tenerlos también. No puedo permitirme estos caros pasteles*" o "*No tuve tiempo de comprar nada, así que no tuve otra opción que ponerme este vestido. Sólo espero que no me vea muy mal en él. Desearía tener algo más que ponerme".* Su voz es generalmente condescendiente, a menudo va en la dirección de los agudos, mientras que las expresiones faciales son más del tipo " cuelgue perro ".

Mentes cerradas

¿Cuántas veces nos hemos enfrentado a la frustrante perspectiva de interactuar con personas que filtran todo lo que decimos a través de la lente de sus propios prejuicios, nociones preconcebidas, creencias miopes y prejuicios? ¿No actúa como un obstáculo para el proceso de comunicación efectiva? Cada uno opera con su propio conjunto de valores, puntos de vista y creencias. Sin embargo, permanecer inflexible y rígido en cuanto a sus puntos de vista nos impide escuchar o aprender algo nuevo sobre el hablante o estar abierto a lo que está tratando de comunicar. Evite operar con puntos de vista y creencias preestablecidos que le impidan obtener nuevas percepciones sobre un individuo o una situación.

No todos con los que hables tendrán puntos de vista y creencias similares a las tuyas. La empatía, la comprensión y la consideración son los mayores factores de una comunicación positiva. Cuando vemos las cosas desde el punto de vista de la otra persona, entendemos de dónde vienen, aunque no estemos necesariamente de acuerdo con ellas. El objetivo de dominar las habilidades interpersonales y la escucha activa es mantener nuestras mentes abiertas, flexibles y aceptantes. Intenta ponerte en el lugar de la otra persona para desarrollar una mayor comprensión de su situación o sus puntos de vista. La gente que no está de acuerdo con usted no tiene por qué estar equivocada. No todas las personas comparten su situación o circunstancias. Intenta pensar desde la perspectiva de la otra persona para entender su situación o sus puntos de vista de manera más efectiva.

El mundo de hoy es un crisol de culturas, etnias, habilidades, religiones, orientaciones sexuales, puntos de vista políticos y mucho más" La clasificación y el etiquetado de las personas utilizando generalizaciones amplias puede matar el proceso de comunicación efectiva. Es más fácil y requiere mucho menos esfuerzo colocar a las personas en diferentes cajas mentales que hemos preparado.

Sin embargo, a largo plazo, no ayuda a construir relaciones significativas. Uno de los mayores signos de un comunicador efectivo es la capacidad de entender, considerar y apreciar los diversos puntos de vista, incluso cuando no coinciden necesariamente con los nuestros. Hacer un esfuerzo sincero para conocer a las personas en lugar de juzgarlas. Evita asumir cosas a menos que tengas pruebas claras. Las suposiciones son los mayores escollos de la comunicación y la escucha. Hacemos ineficaz el proceso de comunicación recurriendo a generalizaciones y suposiciones. Esto dificulta la oportunidad de conocer y comprender a las personas.

Haga un esfuerzo sincero por entender el trasfondo único de la otra persona, sus experiencias de vida en general y sus rasgos de personalidad mientras escucha. Desarrolle una práctica de conocer e interactuar con nuevas personas de diferentes lugares o culturas. Dar a los demás el espacio y la comodidad para expresar libremente sus puntos de vista. Tómese tiempo para considerar los puntos de vista de otras personas. Tomar en consideración las expectativas, puntos de vista y necesidades de los demás mientras se comunican. Mantente firme sin ser irrespetuoso.

Cuando no estás de acuerdo con alguien como lo discutimos anteriormente diciendo algo como *"Ahora, esta es una forma realmente diferente o única de ver las cosas, que no había considerado antes. Estoy intrigado. ¿Puedes decirme por qué piensas así?* "No necesariamente estás de acuerdo con la otra persona, pero aún así estás abierto a compartir o intercambiar puntos de vista y aumentar tu propia comprensión sobre por qué la gente piensa como lo hace. La comunicación y la inteligencia social consisten en adaptarse a diferentes personalidades, culturas, puntos de vista, sociedades y más para formar relaciones personales, profesionales y sociales sanas y significativas. Cada vez que te sientes tentado de discutir o no estar de acuerdo con otras personas.

Los registros atascados

Algunas personas se inclinan por seguir y seguir como un disco rayado que la otra persona apaga mentalmente o deja de responder (recuerde la técnica del semáforo en un capítulo anterior). Sólo hay un límite en el que podemos concentrarnos durante un período de tiempo determinado sin aburrirnos ni distraernos. Las frases largas, verbosas y verbosas que parecen no terminar nunca pueden cansar al oyente, centrándose en el apagado. Evite las divagaciones. Haga una parada mental completa una vez que termine de transmitir su mensaje. Déle a la otra persona la oportunidad de procesar la información y aclarar su comprensión. Para medir la comprensión inicial del oyente, haga una declaración, seguida de una pregunta. Uno de los mayores errores de comunicación que cometen las personas es hablar sin ofrecer al oyente la oportunidad de dar su opinión, procesar la información o aclarar su comprensión de lo que ellos (el hablante) dijeron.

Observe cómo la gente se convierte en comunicadores ineficaces al comunicar el mismo punto usando palabras diferentes. Reestructurarán lo que están tratando de comunicar hasta que se vuelva redundante. Si crees que la otra persona no ha comprendido lo que estás comunicando, usa la meta-comunicación. Esto implica que estás ofreciendo tus comentarios en una conversación para conseguir que una persona se abra.

Por ejemplo, si tienes la idea de que la otra persona no está reaccionando a un mensaje vital, di algo al efecto de, "Oye, *observo que no estás respondiendo/reaccionando a lo que acabo de decir. Sin embargo, siento que es vital y relevante para el desempeño general de nuestro equipo. ¿Por qué?* "Esto nos ofrece la oportunidad de entender por qué el oyente se ha apagado. Usted sabrá si la persona fue capaz de entender lo que usted dijo.

En lugar de tratar de decir una cosa utilizando diferentes palabras porque se tiene la idea de que la otra persona no ha comprendido lo que se está tratando de comunicar, utilice la meta-comunicación para hacer una rápida comprobación de su comprensión.

Conclusión

Gracias por elegir este libro.

Espero sinceramente que le haya ofrecido varias técnicas, indicaciones y estrategias para comunicarse eficazmente en muchos entornos para disfrutar de relaciones más duraderas, significativas, gratificantes y satisfactorias.

El objetivo del libro es ayudarle a deshacerse de sus miedos, nerviosismo y falta de confianza para enfrentarse al mundo de una manera más segura y efectiva, una habilidad de comunicación a la vez. La comunicación es la clave maestra para construir relaciones sólidas, gratificantes y duraderas junto con el impacto de sus posibilidades de éxito en la vida.

El libro también ayuda a entender los detalles más finos requeridos para comunicarse efectivamente con la gente, incluyendo la construcción de habilidades para escuchar.

El siguiente paso es empezar a usar las estrategias mencionadas en el libro de inmediato. La información tiene que ser traducida en conocimiento, que a su vez se traduce en experiencia y sabiduría. Por supuesto, no te transformarás de un comunicador torpe, tímido o inhibido en un profesional de la comunicación de la noche a la mañana. Sin embargo, un paso a la vez te acercarás a tu objetivo si trabajas en él de forma disciplinada y consistente. Con la implementación y la práctica, puedes transformarte de manera constante pero definitiva en una fuerza de comunicación a tener en cuenta.

Si le ha gustado leer el libro, le recomendaría otro manuscrito llamado "Domina Tus Emociones": La guía definitiva para manejar tus sentimientos y mejorar tu autoestima. Cómo superar la negatividad, vencer la ansiedad y controlar la ira", es una guía práctica para superar la negatividad, vencer la ansiedad y controlar la ira de manera efectiva. Por último, por favor, tómese un tiempo para compartir sus comentarios publicando una reseña. ¡Será muy apreciado!

.

Lightning Source UK Ltd.
Milton Keynes UK
UKHW020206141220
375014UK00004B/442